성품이노베이션

CHARACTER INNOVATION

나를 ___ 떠나는 ___ 성품 치유
찾아 _____ 치유

성품이노베이션
CHARACTER INNOVATION

이영숙 지음

LYS좋은나무성품학교

시작하는 글

나를 찾아 떠나는
성품 이노베이션 여행

"나의 성품을 변화시켜야,
더 행복한 나를 만날 수 있습니다"

　'성품 이노베이션'은 성품교육의 고전으로 사랑 받은 책이자, 성인을 위한 성품교육 프로그램입니다. '성품 이노베이션'은 이미 성품이 다 자라 바꿀 수 없을 거라고 생각했던 어른들의 성품을 변화시키는 기적을 경험케 하고, 좋은 성품으로 아이들을 양육하고픈 부모, 교사들에게 성품교육의 정수를 안내하는 역할을 했습니다.

　성품 이노베이션 프로그램을 통해 어릴 적 상처로 고통을 받거나, 현실 속 억압에 갇혀 있는 분들을 정말 많이 만났습니다. 자신감 없이 늘 주저하는 사람들. 연약한 자존감으로 흔들리는 사람들. 매사에 부정적인 사람들. 두려움 때문에 시작을 꺼리는 사람들. 나도 모르게 공격적으로 변하는 사람들. 관계가 깨져 외롭고 우울한 사람들 등등 저마다의 마음의 짐을 안고 있는 사람들이었습니다.

성품 이노베이션은 상처에 대한 이론과 실제를 지식적으로 나누는 시간이 아니라, 같이 마음을 나누고 서로 토론하며 조금씩 더 좋은 생각, 더 좋은 감정, 더 좋은 행동에 다가갈 수 있도록 돕는 시간이었습니다. 그 시간을 통하여 상처들이 치유되어 희망이 되었고 억압은 풀려 긍정의 힘이 되었습니다.

이 놀라운 변화를 더 많은 분들이 경험하길 바라는 마음으로 《성품 이노베이션》에는 상처에 대한 다양한 학문적 견해와 구체적인 성품 이노베이션 방법, 그리고 20여 년간의 사례들을 추가하였습니다.

성품 이노베이션의 궁극적인 목적은 나의 생각과 감정, 행동을 더 좋은 방법으로 잘 표현하는 것입니다. 그 목적을 달성하기 위해서는 그동안 내가 갖고 있고, 표현해 왔던 생각과 감정을 정리하면서, 버릴 것은 버리고, 새롭게 바꿔야 하는 부분은 더 좋은 생각, 더 좋은 감정, 더 좋은 행동으로 바꾸는 과정이 필요합니다. 변화되지 않은 성품들은 인간관계를 막고, 행복한 인생을 누릴 수 없게 합니다.

우리가 가장 쉽게 변화시킬 수 있는 것은 주변 환경이나 다른 사람이 아니라 바로 나 자신입니다. 성품 이노베이션이, 과거 속에 갇힌 '나'를 치유하고 현재의 나를 좋은 성품의 성인(成人)으로 성장시키는 놀라운 비결을 나누는 행복의 통로가 되길 소망합니다.

이 책과 함께 우리는 총 여섯 번의 <성품 이노베이션> 여행을 떠날 것입니다. 주제성품 별로 구성된 여정을 따라가다 보면 여러분의 생각과 감정, 그리고 행동이 새롭게 성장되어 희망의 빛으로 변화되는 경험을 하게 될 것입니다.

이제부터 함께 떠날 성품 이노베이션 여행이

진정한 나 자신을 찾고,

새로운 만남을 열어가는

소중한 시간이 되기를 진심으로 응원합니다.

　　　　　　　　　미주 GCM(Good Character Mission)에서

　　　　　　　　　　　　　　　　이영숙

Contents

□ 시작하는 글 - 나를 찾아 떠나는 성품 이노베이션 여행 ✎ 004

□ 성품 이노베이션을 만난 사람들의 이야기 - 성품으로 더 행복해지다 ✎ 012

첫 번째 여행 ✦ 성품으로 새롭게 시작하기

새로운 지평을 여는 문, 감사 ✎ 028

　감사의 위력 | 시작과 끝이 있는 인생에서 꼭 필요한 성품 - 감사
　감사의 동물 - 거위 | 성품법칙❶ 감사의 법칙 | 감사의 태도 연습
　감사의 유익

　　◦ 짧은 묵상 긴 행복 ✎ 056

두 번째 여행 ✦ 성품으로 나를 찾아 떠나기

기쁨으로 나를 알아가기 ✎ 060

　자신감의 근원 | 기쁨과 자존감 | 성품법칙❷ 기쁨의 법칙
　기쁨의 태도 연습 | 기쁨의 유익

　　◦ 짧은 묵상 긴 행복 ✎ 078

세 번째 여행 　성품으로 나 치유하기

긍정적인 태도로 나 사랑하기 　082

　　왜 우리는 상처 입은 어른이 되었나 | 부모와의 기억이 자녀의 성품이 된다
　　유아기에 상처 받은 사람에게 나타나는 9가지 특징 | 상처는 뇌에도 새겨진다
　　상처를 상처로 해석하지 않기 | 잘못된 생각, 감정에서 벗어나기
　　더 좋은 생각·감정·행동을 선택하여 상처 치유하기 | 성품치유의 첫 관문
　　상처를 발견하는 4가지 질문 | 상처를 치유하는 7단계 | 좋은 성품으로 거듭나기
　　성품법칙❸ 긍정의 법칙 | 성품법칙❹ 좋은 성품의 법칙
　　긍정적인 태도 연습 | 긍정적인 태도로 상처를 극복한 사람
　　＊짧은 묵상 긴 행복 　122

네 번째 여행 　성품으로 배우자 사랑하기

가정은 인내학교 　126

　　인내의 동물 – 나비 | 성품법칙❺ 인내의 법칙 | 인내의 태도 연습

책임감으로 배우자 사랑하기 　137

　　책임감으로 결혼 새로 보기 | 성품법칙❻ 책임감의 법칙
　　책임감의 태도 연습 | 책임감이 주는 유익 | 역기능 가정과 순기능 가정

절제로 배우자 사랑하기 　150

　　절제의 동물 – 언어 | 성품법칙❼ 절제의 법칙 | 절제의 태도 연습과 유익
　　배우자를 지배하려는 유혹에서 벗어나자 | 절제의 사랑으로 회복된 가정
　　＊짧은 묵상 긴 행복 　164

다섯 번째 여행 · 성품으로 자녀 사랑하기

자녀에게 순종 가르치기 ✎ 168
    무엇보다 순종을 가르치라 ｜ 성품법칙❽ 순종의 법칙 ｜ 순종의 태도 연습
    순종의 유익 ｜ 땅에 떨어진 부모의 권위 ｜ 부모의 권위를 회복하는 성공 노하우
    순종을 가르치는 방법들

지혜로 자녀 훈계하기 ✎ 190
    성품훈계란? ｜ 징벌과는 다른 성품훈계 ｜ 성품법칙❾ 지혜의 법칙
    성품훈계의 단계 ｜ 효과적인 교정의 방법 ｜ 보상의 효과와 종류

창의성으로 결혼 예비하기 ✎ 213
    성품으로 결혼을 예비해야하는 이유 ｜ 창의성이 필요한 결혼
    성품법칙❿ 창의성의 법칙 ｜ 창의성의 동물 – 거미
    결혼의 목표 정하기 ｜ 결혼 대상을 위한 기도 – 3R
    알짜배기 연애 ｜ 소유하지 않는 사랑의 경지

    ※ 짧은 묵상 긴 행복 ✎ 232

여섯 번째 여행 ✿ 성품으로 세상을 향해 나아가기

이웃을 내 몸과 같이 사랑한다는 것 ✐ 238
하나님이 우리에게 주신 새 계명 | 배려와 존중 | 성품법칙⓫ 배려의 법칙
배려의 태도 연습 | 배려의 유익 | 배려의 뿌리 | 배려하는 마음 개발하기

나에게 귀 기울여 주시는 분 ✐ 260
경청의 동물 - 당나귀 | 성품법칙⓬ 경청의 법칙
경청의 태도 연습 | 경청의 유익 | 하나님께 경청하는 우리의 태도
하나님의 계시 방법
* 짧은 묵상 긴 행복 ✐ 284

□ 부록 - 좋은나무성품학교의 12가지 좋은성품 ✐ 286
□ 맺는 글 - 나를 찾아 떠나는 성품 이노베이션 여행을 마치며 ✐ 288

◇ 성품 이노베이션을 만난 사람들의 이야기 ◇

성품으로
더
행복해지다

나를
인정하고
사랑하게 되다

어느 순간

내가 우리 아이에게

지나친 완벽을 요구하고 있다는 것을 느꼈다.

아이가 실수하면 화가 났고, 무엇인가 두려웠다.

이런 내 모습이 싫어서

성품 이노베이션의 문을 두드렸다.

거기서 만난 어릴 적의 기억.

너무 바쁜 부모님과 5남매 중 막내였던 나.

때문에 모든 일을 스스로 할 것을 강요받았다.

실수하면 호되게 꾸중을 들었다.

하지만 성품을 배우고, 나누는 과정을 통해

내가 얼마나 소중한 존재인지,

나는 내 모습 그대로 존귀하다는 확신을 갖게 됐다.

오늘도 나에게 이렇게 말해본다.

"괜찮아, 실수할 수도 있어.

 나는 내가 얼마나 소중한지 알아. 그러니까 다시 해보자!"

내가 이렇게 변화하고 있다는 사실이 정말 신기하고, 행복하다.

14기 성품이노베이션 수료자 이○○ 씨

상처와 갈등이
한 순간에
해결되다

성품 이노베이션 '감사의 성품' 강의를 듣고 난 후
남편과 자녀들에게 용기를 내어 감사 편지를 보냈다.

사실 남편에게 감사 편지를 쓴다는 것은
절대 쉬운 일이 아니었다.
그동안 남편에게 받은 상처들이 생각나
감사한 것이 떠오르지 않았다.

하지만 관계 회복을 위해서는
지금이 기회라는 생각이 들어 펜을 들었다.
그런데 신기하게도 남편에게 편지를 쓰는 동안
나의 잘못들이 생각나면서
오히려 나의 약점을 반성하게 되었다.

편지를 받은 남편의 반응도 놀라웠다.
"그동안 상처를 줘서 미안하다"고,
장문의 답장 속에 진심이 담겨 있었다.
남편의 편지로 인해 내 안에 쌓였던
상처들이 싹 치유되는 것 같았다.

성품 이노베이션에서 배운 대로 실천하니
이런 행복한 경험을 하게 됐다.

'성품 이노베이션'이 가능하다는 것을 확신하는 경험이었다.

10기 성품이노베이션 수료자 최○○ 씨

아버지, 남편으로
살아온 시간을
점검하다

나는 아빠이기 이전에 미숙한 인간이다.

바쁘다는 이유로

나를 더 많이 돌아보지 못했고,

가족을 더 많이 사랑하지 못했다.

성품 이노베이션은

나 자신을 있는 그대로 기뻐하고,

긍정적으로 바라보게 되는 시간이었고,

아내와 아이들을 존재 자체로 사랑하기로

다짐하는 기회였다.

한 여인의 남편으로서,

아이들의 아버지로서,

한 가정의 가장으로서,

나에게 주어진 역할을
더 잘 감당할 수 있다는
자신감이 생겼다.

28기 성품이노베이션 수료자 김○○ 씨

과거의
나를
안아주다

-과거의 나에게 쓰는 편지-

그 어렸던 다섯 살 때,

엄마의 가출로

친척집에 여기저기

얹혀 살았던 어린 지은(가명)아,

사람의 인정과 사랑에 항상 목말랐던 너.

부모님도 사랑 받고 자라지 못하셔서

너에게 온전한 사랑을 주지 못했다는 것을

머리로 알면서도 마음으로는 이해하지 못하니

얼마나 괴로웠니.

지은아, 그동안 네가 아파하고, 힘들었던 건

네 탓이 아니란다.

험한 환경들이 너를 그렇게 내몰았던 거야.

대신 지금의 너는 어려운 사람을 돌볼 줄 알고,

그들의 필요를 볼 수 있는 마음이 생겼잖아.

성품 이노베이션을 통해

비로소 너에게 고맙다고 말할 수 있어서 기쁘다.

이제는 과거의 상처로 더 힘들어 하지 않을게.

정말 고맙다. 사랑해.

28기 성품이노베이션 수료자 김지은(가명)씨가 작성한 '과거의 나에게 쓰는 편지'입니다.

옆에 있는 것만으로도
든든한
남편에게

-배우자에게 감사의 편지 쓰기-

성품 이노베이션을 통해

가장 가까이에 있는 남편에게

감사한 마음을 전할 수 있어 얼마나 기쁜지 몰라요.

그동안 집에서 아이들을 돌보면서 늘 혼자인 것 같다고 느꼈어요.

그 원망은 애꿎은 당신에게로 향했네요.

우리 다투기도 참 많이 다투었는데,

지금 돌이켜 보니 다툴 남편이 있었던 것도

얼마나 감사한 일이었는지,

하소연 할 남편이 얼마나 고마운 존재였는지 새삼스레 느낍니다.

든든하게 그 자리에 있어줘서 감사하고 사랑해요.

함께하면 할수록 그대로의 당신이 참 좋아요.

아침잠이 많아서 5분만 더 잔다고 하는 모습이나,

부스스하게 눈도 못 뜨고 돌아다니는데도

신기하게 길 잘 찾아다니는 모습.

나만 아는 당신의 모습들이

나에게는 가장 소중한 모습이랍니다.

앞으로도 좋은 성품으로 행복한 가정을 만들어 가요.

정말 고맙고, 사랑해요.

-27기 성품이노베이션 수료자 문○○ 씨가 작성한 '배우자에게 쓴 감사 편지'입니다.

내 안의 상처를
찾고 꺼내다

증조할머니부터 우리 3남매까지.
우리 집은 4대가 한 집에 모여 사는 집이었다.
대식구가 함께 살다보니 재미있는 날도 많았지만
고난과 환난의 날도 있었다.
특히 외며느리인 엄마에게는 더욱 그러했다.

엄마가 교회에서 울부짖으며 기도하던 모습.
가족 사이에서 엄마만 약간 소외되어 있는 모습.

그런데 성품 이노베이션을 하면서
내가 엄마의 영향을 받아 나도 모르게
시부모님에게 벽을 쌓고 있었다는 것을 깨달았다.
엄마와 같은 삶을 살아갈지 모른다는
두려움을 은연중에 가지고 있었던 것이다.

그 후 시어머님과의 관계를 회복하게 해달라고 몇 달 동안 기도하다가
둘만의 데이트를 가지며 나의 잘못된 행동을 용서해 달라고 고백했다.
시어머님과 나는 울면서 서운했던 모든 일을 잊어버리자고 약속했다.

성품 이노베이션을 만나면서
나조차 몰랐던 나의 상처와 어려움을
돌아볼 수 있었다.
지금은 자유로움을 느낀다.

-2기 성품 이노베이션 수료자 OOO 씨-

성품 이노베이션은

여러분이

과거의 상처에서

현재의 어려움에서

미래에 만날 후회에서

자유로워질 수 있는

기회를 선물합니다.

좋은 성품으로

당신의 삶을

변화시키는

귀중한 여행을

함께 떠나지 않으시겠습니까?

도저히 감사할 수 없는 상황에서,
어떻게 해야 감사할 수 있는 걸까?

: 첫 번째 여행

성품으로
새롭게
시작하기

새로운 지평을
여는 문, 감사

감 사

다른 사람이 나에게 어떤 도움이 되었는지 인정하고
말과 행동으로 고마움을 표현하는 것

_ 좋은나무성품학교 정의

　좋은나무성품학교 학부모들을 위한 특별 강좌 '좋은성품 모임'에서 어머니들께 숙제를 내준 적이 있습니다. 각자 남편에게 감사의 편지를 써서 출근할 때 전한 후 피드백을 받아오는 숙제였습니다. 다음 주가 되어 서로 숙제한 소감을 이야기했는데 한 어머니의 고백이 잊을 수 없는 감동이 되었습니다. 함께 듣고 있던 모든 어머니들의 눈시울이 붉어지는 일이 벌어졌습니다.

　그 어머니의 친정은 아버지가 갑자기 돌아가시면서 온 집안이 폭삭 망했습니다. 엄마와 언니들과 함께 단칸방으로 옮겨 어떻게 살아나가야 할지 모르는 그런 상황이었습니다. 여자들만 덩그러니 남은 집에 생활력조차 없어서 살아가기 막막한데 중매가 들어왔습니다. 같은 동네에 사는 노총각이었습니다. 혼자서 자수성가한 이 노총각은 가구 공장을 운영했는데 나이가 많은 것이 흠이었습니다. 동네에서 우연히 이 어머니를 보게 된 그 후로 사랑에 빠져 생가슴을 앓다가 지인을 시켜 다리를 놓아달라고 부탁한 것입니다. 솔직히 이 어머니는 그 노총각이 마음에 썩 들지는 않았지만 자신의 입장이 막막하고, 결혼만 하면 엄마와 언니까지 거두겠다고 하니, 그 말을 믿고 시집을 갔다는 것입니다.

두 아이를 낳아 키우면서도 남편을 사랑하는 마음보다는 자녀를 사랑하는 마음으로 살다가 이 숙제를 받았답니다. 가슴이 답답하고 어떻게 편지를 써야 할까 고민하다가 자신의 결혼을 곰곰이 생각하게 되었습니다.

편지를 쓰면서 이 어머니는 남편이 자신에게 너무나 감사한 사람이라는 것을 깨닫게 되었습니다. 한 집에 장모님과 처형까지 모시고 살면서도 한 번도 눈살을 찌푸린 적이 없는 남편, 늘 웃으면서 과분한 사람 모시고 사는 것처럼 미안해 하는 남편이 얼마나 좋은 사람인지 미처 깨닫지 못하고 늘 자신의 신세를 한탄하며 살았던 것이 부끄러워졌습니다. 이 어머니는 용기를 내어 남편에게 편지를 썼습니다.

여보, 처음엔 그저 숙제로 쓰려고 했는데 곰곰이 생각해 보니 당신이 내게 얼마나 고마운 사람인지 깨닫지 못하고 살았다는 것을 알게 되었어요. 정말 어려울 때 우리 집을 도와주고 엄마와 언니까지 함께 사는데도 힘들어하기는커녕 어린 색시 모시고 행복하게 산다고 늘 말씀하시는 당신……. 정말 감사합니다. 이제야 알게 되었어요. 내가 당신을 얼마나 사랑하는지 말이에요. -중략- 오늘 아침 당신께 드리는 감사한 마음만큼이나 당신을 사랑한다고 전하고 싶습니다.

이렇게 편지를 쓰고서 봉한 후에 출근하는 남편에게 전하면서 수줍게 말했습니다. "꼭 사무실에 가서 보시고요. 답을 주셔야 해요. 피드백까지 받아오는 것이 숙제예요."

그런데 잠시 후에 얼굴이 벌겋게 상기된 남편이 함박웃음을 지으며 집으로 돌아왔습니다. 편지를 받아 읽어 보고서 너무나 좋아 일이 손에 잡히지 않았답니다. 남편은 집으로 그냥 돌아와 버린 것입니다. 그날 남편은 장모님과 처형까지 모두 모시고 나가 갈비를 사주고 노래방에서 노래도 부르고 즐거운 시간을 보내고 들어왔다고 합니다. 이 어머니는 비로소 감사의 위력을 깨닫게 되었다고 말했습니다. 발갛게 상기된 두 뺨이 그렇게 예뻐 보일 수가 없었습니다.

그렇습니다. 감사에는 새로운 지평을 여는 힘이 있습니다.

감사의 위력

사람들은 새로운 것들을 지향합니다. 세상의 모든 것도 끊임없이 새로움을 따라 변합니다. 그러나 이 모든 일에 감사가 없으면 새로운 시작도 없습니다. 성품으로 새롭게 시작하기 위해서는 바로 감사라고 하는 성품이 필요합니다. 감사는 새로운 지평을 여는 출입문입니다. 감사로 우리는 세상의 모든 문을 열 수 있습니다.

"하나님께서 지으신 모든 것이 선하매 감사함으로 받으면 버릴 것이 없나니"(디모데전서 4:4)

저는 이 말씀이 우리에게 허락되었다는 사실이 그렇게 감사할 수가 없습니다. 지금 우리 삶 속에 있는 모든 것들에 대해 진정 감사하다고 말할 수 있습니까? 사실 어느 때는 모든 것을 포기하고 다 바꾸고 싶을 것입니다. 그런데 하나님 아버지께서는 그분이 주신 모든 것이 선하여 감사함으로 받으면 버릴 게 없다고 하십니다. 미워서 죽을 것 같은 사람이 떠오릅니까? 감사함으로 받으십시오. 그 사람을 나에게 주신 이유는 선한 목적이 있기 때문입니다. 가정생활이 힘이 듭니까? 지금 나를 압박해오는 모든 상황, 물질적 어려움, 인간관계, 복잡하게 얽히고 설킨 수많은 일들을 때로는 과감히 끊어 버리고 싶을 것입니다.

그런데 그 모든 것을 지으신 분이 하나님이시고 그 지으신 모든 것이 선하므로, 우리가 감사함으로 받기 시작하면 새로운 세상의 문이 열립니다. 그때부터는 아무것도 버릴 것이 없게 되는 것입니다. 모든 것들이 모여서 나의 성품을 다스리게 되고, 나의 성품을 훈련하는 재료가 되는 것입니다.

그렇다면 감사란 무엇입니까? 감사란 '다른 사람이 나에게 어떤 도움이 되었는지 인정하고 말과 행동으로 고마움을 표현하는 것(좋은나무 성품학교 정의)'입니다.

저는 아이들에게 감사를 어떻게 가르칠까 참 많이 고민했습니다. 사실 마음속으로만 고맙다고 느끼는 것은 감사가 아닙니다. 감사는 행동입니다. 내가 선택해서 취하는 또 다른 의지의 결단입니다. 수많은 환경 속에서 감사를 택할 것인가, 불평을 택할 것인가 하는 기로에 섰을 때 내가 선택하는 의지의 결단인 것입니다.

감사는 내가 무엇을 선택할 것인가의 문제입니다. 어려운 상황에서 이것을 감사로 표현할 것인가, 짜증과 낙심으로 표현할 것인가를 선택하여 구체적으로 표현하는 행동입니다.

울리지 않는 종은 종이 아니고, 표현하지 않는 사랑은 사랑이 아닌 것처럼, 표현하지 않은 감사도 감사가 아닙니다. 내 마음속에서 고맙다고 느끼면 그것으로 충분하다고 생각해 버리는 것은 온전한 감사가 될 수 없습니다. 진실로 느끼고 있다면 느낀 것을 구체적으로 말과 행동으로 표현해야 합니다. 감사는 표현해야 한다는 것을 잊지 마십시오. 10명의 나병 환자들이 병을 고침 받았을 때 예수님께 나와서 감사를 표현한 사람은 그 중 오직 한 사람뿐이었습니다(누가복음 17:11-19).

시작과 끝이 있는 인생에서
꼭 필요한 성품-감사

인생이 소중한 것은 우리의 삶이 유한하기 때문입니다. 우리가 잘 살려고 노력하는 것은 우리의 삶에 끝이 있기 때문입니다. 하나님께서 우리 인생의 끝을 보여 주신다는 사실이 저는 얼마나 감사한지 모르겠습니다. 끝이 좋은 인생이 크리스천의 인생입니다. 모든 것이 그렇듯이 마지막이 좋아야 다 좋은 것입니다.

저는 다니엘을 부러워합니다. 사실 다니엘의 인생은 험난합니다. 유다에서 귀족의 자녀로 행복하게 자라다가 나라에 전쟁이 일어나 바벨

론으로 포로가 되어 잡혀 갑니다. 역사학자들은 그 당시 다니엘의 나이를 17살이나 20살 안팎인 것으로 추측합니다. 어린 다니엘에게는 자신에게 일어난 인생의 무게가 감당하기 어려웠을 것입니다. 그러나 그는 뜻을 정하여(다니엘 1:8) 하나님께 순결할 것을 결심합니다. 이런 분별력의 성품들이 기초가 되어 다니엘은 그의 안에 늘 거룩한 영을 모시고 일생을 살아가게 됩니다. 왕이 4번이나 바뀌는 시대적 혼란 속에서도 지혜와 명철로 존귀하게 살던 그는 인생의 마지막에 대해 천사로부터 이렇게 듣게 됩니다.

"너는 가서 마지막을 기다리라 이는 네가 평안히 쉬다가 끝날에는 네 몫을 누릴 것임이라"(다니엘 12:13)

이 얼마나 놀라운 은혜의 말씀입니까? 더 놀라운 사실은 이 말씀이 꼭 다니엘에게만 일어나는 것은 아니라는 것입니다.

"주를 두려워하는 자를 위하여 쌓아 두신 은혜 곧 주께 피하는 자를 위하여 인생 앞에 베푸신 은혜가 어찌 그리 큰지요"(시편 31:19)

저는 요한계시록을 묵상하며 읽다가 굉장히 큰 축복을 받았습니다. 많은 환난과 어려움을 겪은 후, 인생의 마지막 순간에 어린 양의 보혈로 구속받은 사람들이 모여 유리 바다에서 축제를 엽니다. 그곳에서 그들은 모세의 노래와 어린 양의 노래를 부르며 찬양합니다(요한계시록 15:2~4 참조). 전능하시고 만국의 왕이신 주 하나님의 크고 놀라운 일을 찬양합니다. 이는 천국에서 열릴 영광스러운 찬양 집회입니다.

이들이 부르는 노래는 이미 승리한 자들의 노래입니다. 그들은 왜 승리할 수 있었을까요? 요한계시록 15장 3~4절에 그 답이 있습니다.

"하나님의 종 모세의 노래, 어린 양의 노래를 불러 이르되 주 하나님 곧 전능하신 이시여 하시는 일이 크고 놀라우시도다 만국의 왕이시여 주의 길이 의롭고 참되시도다 주여 누가 주의 이름을 두려워하지 아니하며 영화롭게 하지 아니하오리이까 오직 주만 거룩하시니이다 주의 의로우신 일이 나타났으매 만국이 와서 주께 경배하리이다 하더라"

모세의 인생을 돌아보면, 그는 운명적으로 죽어야 할 인생이었습니다. 아들을 낳으면 죽이라는 왕의 명령이 있던 시대에 태어난 모세는 나일강가에 버려질 운명이었지만, 하나님의 은혜로 구원받았습니다. 그 후 그는 자신의 정체성을 찾으려 애썼지만, 인간적인 힘으로는 결국 도망자가 될 수 밖에 없었습니다.

그러나 그랬던 그도 하나님의 계획 속에서 위대한 선지자가 되었습니다. 모세의 인생은 하나님의 전능하심에 의해 끝까지 인도되었고, 만왕의 왕이신 하나님과 동행하는 축복을 누렸습니다. 우리가 인간적인 눈으로 볼 때는 모세의 삶이 상처투성이로 보일 수 있습니다. 그러나 하나님의 시각으로 보면, 그 인생은 모세의 노래로 바뀔 수 있습니다.

사실 우리가 살아가는 인생은 그렇게 녹록하지가 않습니다. 그래서 삶을 가리켜 고해(苦海)와 같다고 말합니다. 살다 보면 지치기도 하고, 포기하고 싶을 정도로 힘들고 낙심될 때도 많습니다. 그러나 우리가 그 속에서 환난의 목표가 무엇인지 직시하고, 어려울 때마다 하나님께서 어려움을 허락하신 이유와 의미를 생각해보면 고통도 넉넉히 이길 수 있습니다.

마치 학교에서 시험을 치르며 한 학년 한 학년 올라가듯, 우리의 성품도 한 단계 한 단계 성숙되어 마침내는 유리 바다에서 찬양 집회를 열고 어린 양의 혼인 잔치에 들어가 하나님과 함께 영원히 살게 될 것입니다. 거기는 눈물도 없고 아픔도 없고 슬픔도 없는 아름다운 곳이라고 합니다. 끝을 알 때 현재의 아픔에 감사할 수 있습니다. 그리고 오늘, 살아가는 이 세상을 감사함으로 새롭게 시작할 수 있습니다.

감사의 동물 – 거위

저는 동물 가운데 박새, 고슴도치, 거위의 생태를 찾아보다가 큰 감명을 받았습니다.

박새는 비 오는 날에도 화창한 날과 마찬가지로 지지배배 울어 댑니다. 그래서 다른 새들은 그 우는 소리를 듣고 날씨가 흐릴지, 비바람이 몰아칠지 알 수 있다고 합니다. 마치 박새는 자신의 모든 역경들을 감사함으로 받아들이는 태도를 갖고 있는 것 같습니다.

고슴도치는 자기들끼리 가까이 가면 서로 찔립니다. 그러나 서로 불평하지 않고 적당한 관계를 유지하면서 잘 살아갑니다. 고슴도치와 같이 나쁜 조건에서도 오히려 그 가시를 잘 활용하고 잘 품어 내면서 감사함을 표현하는 사람이라면 그의 삶은 성공으로 나아갈 수 있을 것입니다.

거위는 감사의 동물입니다. 저는 사실 거위를 묵상하면서 큰 감동을 받았습니다. 그 감동을 표현하기 위해 《새끼 거위의 감사》라는 동화도 썼습니다. 성품을 가르치려다 보니 아이들이 좋아하는 동물들을 연구하여 그 속에서 특성을 잡아내게 됩니다. 어느 때는 개미도 연구하고 나비도 연구하고 거위도 연구합니다. 그런데 수많은 동물 중에서도 거위를 연구한 것이 저에겐 큰 은혜가 되었습니다.

　노벨상을 받은 오스트리아의 동물학자 콘라드 로렌츠(Konrad Zacharias Lorenz)는 평생 거위와 야생동물을 연구한 학자입니다. 그는 거위의 생태를 관찰하여 애착현상이라든가 각인현상과 같은 이론을 내놓았습니다. 한 번은 그가 이런 실험을 한 적이 있었습니다. 거위의 알을 부화시키면서 거위가 알에서 태어나는 순간 로렌츠 자신을 보게 한 것이었습니다. 그러자 이 아기 거위들은 로렌츠가 제 어미인 줄 알고 그가 가는 곳마다 쫓아다니는 재미있는 일이 벌어졌습니다. 여기서 나온 이론이 각인현상, 혹은 애착현상입니다.

　이 이론의 영향으로 저는 둘째아이 출산 예정일 보름 전에 산부인과에 찾아가서 이렇게 부탁했습니다.

　"둘째아이를 낳자마자 제 배 위에 올려주세요."

　의사 선생님이 깜짝 놀라셨습니다. 저는 다시 부탁했습니다.

　"저는 유아교육학자인데 이론에 의하면 아이가 태어났을 때 처음 마주치는 사람과 각인현상이 일어난다고 하네요. 아이가 태어나자마자 제 배 위에 올려 주셔서 눈을 마주치게 해 주세요. 전 이 아이와 애착이 형성되기를 바라고 있거든요."

　정말 막 태어난 아이를 목욕도 안 시키고 핏덩어리 상태로 배 위에 딱 올렸습니다. 그때 아이와 감격스런 첫 상봉을 이루었습니다. 아이가 막 울다가 제가 "아가야" 했더니 저를 딱 쳐다보았는데, 그 맑은 눈망울을 지금도 도저히 잊을 수가 없습니다.

그런데 제가 감사의 동물로 거위를 정하고 다시 연구를 했더니, 태어나자마자 처음 본 사람에게 애착을 갖는 것이 아니었습니다. 거위는 알 속에 있으면서 이미 엄마하고 말하고 교제합니다. 마지막 부화될 때 나가도 되냐고 낮은 소리로 구구구 하면, 엄마가 나오라고 구구구 화답해 주는 것입니다. 그렇게 자기 이야기를 들어준 그 사람과 애착이 형성되고 각인이 일어나는 것입니다.

그동안 제가 잘못 알고 있었던 것입니다. 그래서 셋째 아이를 낳을 때에는 배 안에서부터 교류하기 시작했습니다.

"아가야, 한 번 쳐 봐. 엄마의 소리를 듣고 있으면 발로 한 번 쳐 줄래?" 하면 정말 아이가 발로 한 번 딱 쳐 줬습니다. 말을 얼마나 잘 듣는지 우리 아이에게 날마다 이렇게 이야기했습니다.

"3월 달에 이왕 나올 거면 3월 17일에 나와. 그날이 엄마 아빠 결혼기념일인데 너 그날 나와라. 네 생일 축하 파티랑 엄마 아빠 결혼기념일이랑 함께 하면 얼마나 의미 있겠니? 우리 같이 하자꾸나."

그러면서 믿음으로 3월 17일에 우리 막내가 나온다고 소문을 냈습니다. 3월 16일에는 병원 갈 준비로 짐을 다 쌌습니다. 17일 아침에 사방에서 어떻게 되었냐고 전화가 빗발쳤습니다. 남편이 출근했다가 저녁에 퇴근할 때까지도 진통이 없었습니다. 하지만 아직 하루는 지나지 않았습니다. 저녁밥을 먹고 설거지를 하는데 갑자기 진통이 시작되었습니다. 짐 싸 놓은 것을 가지고 병원으로 갔습니다. 그리고 마침내 밤 10시 55분에 우리 아이가 나왔습니다. 우리 집은 3월 17일에 결혼기념일과 셋째 아이 생일 파티를 항상 같이 합니다.

거위는 알 속에서부터 엄마 거위와 교류하다가 나온 후에 자기를 보살피던 바로 그 엄마의 눈을 딱 쳐다봅니다. 그리고 낮은 소리로 감사함을 표현합니다. 이 거위는 평생 자기를 돌봐줬던 고마운 엄마를 떠나지 않습니다. 짝을 지어 새로운 가정을 만들 때까지 가정을 떠나지 않는 동물이 거위입니다. 거위는 자기를 돌봐 준 사람에게 순종하며 늘 함께 있는 것으로 그 감사함을 표현합니다.

로렌츠 할아버지 뒤를 거위들이 줄지어 따라가는 참 아름다운 그림이 있습니다. 저는 그 그림을 매우 좋아합니다. 거위는 자기를 이 세상에 부화시키고 돌봐 준 사람의 음성을 따라갑니다. 그리고 떠나지 않습니다. 그것이 바로 거위의 사랑 표현입니다. 여기서 저는 굉장한 감동을 받았습니다.

우리는 어떻습니까? 우리가 좀 갖춘 것 같고 성장한 것 같으면, 감사해야 할 대상을 헌신짝같이 버립니다. 예수님의 보혈로 생명을 이어받은 우리가 그 감사를 얼마나 표현하고 사는가 생각하면 심히 부끄럽습니다. 처음에는 감사하며 예수님을 구세주요 내 인생의 주인이라고 고백하지만, 어느 사이엔가 자신이 주인이 되어 바쁘게 살아갑니다. 우리가 날마다 그분의 음성을 듣고 그분과 동고동락하며 그분이 어디로 가든지 따라가는 것이 바로 감사의 표현입니다. 거위처럼 우리도 바로 그렇게 해야 합니다. 함께 있는 것으로 고마움을 표현해야 합니다. 거위를 묵상하면서 우리가 동물보다 못하다는 생각에 부끄러워집니다.

성품법칙❶ 감사의 법칙

성품법칙❶ 감사의 법칙 "내가 ~때, ~해줘서 정말 고마웠어"

"내가 ~때, ~해줘서 정말 고마웠어"라고 구체적으로 감사를 표현하세요.

고마움은 마음속에만 간직하지 말고 표현해야 합니다. 감사란, 다른 사람이 나에게 어떤 도움이 되었는지 인정하고 말과 행동으로 고마움을 표현하는 것(좋은나무성품학교 정의)입니다. 주변 사람들에게 감사의 법칙 "내가 ~때 ~해줘서 정말 고마웠어"를 적용해 보세요. 다른 사람이 베푼 선의가 당연하다고 생각하면 아주 평범한 일상이 되지만 서로 감사하면 행복의 문이 열리는 기적이 일어납니다. 감사는 표현할 때 비로소 기쁨이 된다는 것을 기억하세요.

감사의 태도 연습

감사의 태도를 어떻게 연습할 수 있습니까?

첫째, 나에게 도움을 준 사람들에게 말과 행동으로 고마움을 구체적으로 표현합니다.

둘째, 내가 겪는 어려움을 통해 나 스스로가 더 성장할 것을 기대하며 감사하는 마음을 가져야 합니다.

어려운 때일수록 감사가 빛나는 법입니다. 더 이상 감사를 찾아낼 수 없는 환경에도 불구하고 그 속에서 감사할 거리를 찾아내는 사람이 지도자입니다. 그 사람이 하나님의 사람입니다.

셋째, 내가 가진 모든 것(사람, 물건, 어려움 등)을 만족해하며 소중하게 여깁니다.

오늘날 비극은 내가 가지고 있는 것들을 하찮게 여기는 것입니다. 함께 사는 배우자에 대해 감사하지 않고 당연하게 여깁니다. 심지어는 '저 사람보다 더 좋은 사람을 만났으면 좋았을 텐데' 하는 생각도 합니다.

좋은나무성품학교 학부모 모임에 외모가 아름다운 한 어머니가 있었습니다. 그런데 늘 슬프고 늘 불만입니다. 늘 억울해 합니다. 왜 그러는지 나중에 물어보았습니다. 그 어머니는 남편과 대학 커플인데, 남편 말고 결혼할 뻔했던 사람이 있었다고 합니다. 남편이 낚아채는 바람에 그 사람과 결혼하지 못했는데, 나중에 어떤 모임에 나가보니 결혼할 뻔했던 그 사람은 승승장구해서 사회적으로 지위가 높아졌답니다. 자신을 낚아채서 결혼한 남편은 요 모양 요 꼴인데 말입니다. 그렇게 매일 후회만 하고 살다보니 결혼생활이 엉망이 되었습니다. 아이가 아파도 남편 때문에 아프고, 시어머님이 잔소리해도 남편과 결혼해서 그렇다고 원망합니다.

그래서 그 어머니에게 질문했습니다. "웨딩드레스를 누가 입었습니까?" "제가요" 하기에 "그러면 남편이 서 있었을 때 누가 걸어 나갔습니까?" 하고 물었더니 또 "제가요" 했습니다. 마지막으로 물었습니다. "그러면 이 결혼 누구 겁니까?"

내가 선택한 이상 그것은 나의 것이고, 내가 책임져야 할 인생입니다. 내가 가진 것을 소중하게 여길 때 그 속에 감사함이 있습니다. 그리고 그것이 우리를 행복하게 합니다.

넷째, 감사의 얼굴, 감사의 웃음, 감사의 태도를 실천합니다. '감사의 얼굴'은 밝은 표정, 명랑한 목소리로, 상대방의 눈을 바라보며 "감사합니다"라고 말하는 것입니다. 감사의 얼굴로 상대방의 눈을 바라보면서 감사하다고 해야 합니다. 계속 연습해야 합니다.

이런 모습이 익숙하지 않아 어색하겠지만 감사의 표현을 매일 세 번씩 해 줘야 할 사람이 있습니다. 눈을 뜨면 항상 옆에 있는 소중한 사람에게 말입니다. "내 옆에 있어 줘서 정말 감사해요." 또 아침에 나갔다 저녁에 들어오는 그 사람에게 얘기해줘야 합니다. "나를 위해서 직장에서 애써 주셔서 감사해요." 잠자리에 들면서 또 감사해야 합니다. "당신과 살게 해주셔서 감사해요."

이런 집안에 문제가 있을까요? 감사는 새로운 지평을 여는 문입니다. 감사를 하지 않으면 갈등이 시작되는 것입니다. 불만이 나오기 시작하고 비교하기 시작하고 서로를 하찮게 여기기 시작합니다. 하지만 감사하기 시작하면 감사의 대상이 존귀해집니다.

이 모습을 자녀들이 보면 자녀교육도 저절로 됩니다. 자녀들 몸에 감사가 완전히 습관처럼 배게 됩니다. 감사함을 가진 아이들의 얼굴은 굉장히 평안합니다. 그런데 아무리 물질이 많고 부모가 전부 채워 준다 해도 감사를 배우지 않은 아이들은 불만이 많을 수밖에 없습니다. 이 아이들이 느끼는 부족함은 그 무엇으로도 채울 수 없습니다. 짜증, 불만, 불평이 몸에 뱁니다. 이 마음의 허함은 감사 외에는 채울 수가 없습니다.

아이들에게 일찍부터 감사함을 가르쳐 줘야 합니다. 감사를 잘 가르치는 좋은 방법은 엄마 아빠가 매일매일 서로 감사하는 모습을 보여 주는 것입니다. 자녀들에게도 감사하다고 말해 줘야 합니다. 우리 대부분은 조건부적인 사랑을 아이들에게 줍니다.

"우리 아들이 100점이라니 참 잘 했다. 역시 내 아들이야."

이렇게 말합니다. 그럼 100점 맞지 않으면 내 아들이 아닙니까? 그 것보다는 무조건적으로 아이들의 존재 자체를 감사해야 합니다.

"네가 내 아들(딸)인 것이 얼마나 감사한지 엄마는 더 바랄 것이 없어."

이런 엄청난 이야기를 우리 아이들에게 들려줘야 합니다. 그러면 아이들의 마음속에서부터 감사함이 넘치게 되고, 자신감이 생기게 되고, 자기 인생에 대한 존귀함을 드러내게 됩니다.

'감사의 웃음'은 얼굴의 모든 근육을 풀고, 풍선처럼 입 안 가득 공기를 집어넣고 손으로 얼굴 근육을 문지르면서 배에서부터 나오는 큰 소리로 "우하하하" 웃는 것입니다. 하루에 딱 3번 만 이렇게 해보십시오. 웃음은 면역력을 증가시켜 건강할 수 있도록 도와줍니다. 일소일소 일로일로(一笑一小 一怒一老 : 한 번 웃으면 한 번 젊어지고, 한 번 노하면 한 번 늙는다)를 기억하십시오. 감사하는 사람이 성공하고 건강한 이유는 참 잘 웃기 때문입니다.

'감사의 태도'는 나와 다른 사람들의 행동을 격려하고 칭찬하는 것입니다. 모든 일을 긍정적인 태도로 실천하는 것입니다.

다섯째, 감사의 메아리를 하루에 딱 3번 외칩니다.

'산울림의 법칙(메아리의 법칙)'이라는 것이 있습니다. 내가 외치는 소리에 따라 반대편 산에서 메아리쳐 들려오는 소리를 순수한 우리말로 '산울림'이라고 합니다. 나의 외침이 그대로 나에게 되돌아오듯, 내가 표현한 작은 감사는 나에게 큰 축복으로 되돌아옵니다. 지금부터 작은 감사라도 꼭 표현해 보세요. 그 작은 감사가 분명 축복이 되어 다시 내게 돌아올 것입니다.

메아리는 어떤 소리를 내느냐에 따라서 똑같은 소리가 되어 돌아옵니다. 바보라고 외치면 바보로 돌아옵니다. 불평과 짜증으로 외치면 불평과 불만이 내게로 돌아옵니다. 그러나 감사하다고 소리치면 축복의 메아리로 돌아옵니다. 이게 '산울림의 법칙'입니다. 오늘 어떤 메아리를 듣겠습니까? 당연히 감사의 메아리여야 하지 않겠습니까?

여섯째, 감사의 법칙을 늘 적용해 봅니다.

감사의 유익

항상 감사하는 사람은 더 많은 축복을 누리게 됩니다. 늘 부족하다고 생각하는 사람에게는 감사보다 불평만 있게 마련이지만, 부족한 가운데서도 감사한 것을 찾아내는 사람에게는 늘 풍성함이 따라오게 됩니다. 그런 사람은 자연스럽게 주위에서 복 있는 사람으로 불립니다.

한 가지를 생각하면 두 가지가 생각나게 됩니다. 한 번 실천해 보세요. 같이 사는 배우자에 대해 감사한 것 10가지를 쓰려고 하면 처음에는 쓸 것이 없습니다. 그런데 한 가지를 쓰면 두 가지가 생각나고 두 가지를 쓰면 세 가지가 생각납니다. 자꾸 감사할 것이 생각나서 '아, 내가 이렇게 많은 축복을 받았구나' 하며 감격을 누리게 됩니다.

감사하는 사람은 지도자가 됩니다. 지도자는 현실을 바라보는 사람이 아니라 미래의 상황을 볼 줄 아는 사람이어야 합니다. 그런데 감사하는 사람은 현실에 만족함이 없어도 앞으로 될 현상을 그려 볼 줄 아는 믿음을 발휘합니다. 사람들은 이런 사람을 따르기 때문에 감사하는 사람의 주변에는 늘 사람들이 있게 마련이지요. 지도자의 자격은 어려움 속에서도 감사할 수 있는 것이랍니다.

날마다 불평, 불만이 가득하며 부족함을 털어놓는 사람들에게는 절대로 사람들이 모여들지 않습니다. 그러나 내게 있는 것에 만족하고 그것을 통해 하나님께서 주실 것을 기대하는 사람에게 사람이 모입니다.

감사하는 사람의 얼굴에는 언제나 웃음이 있습니다. 웃음은 모든 질병을 고치는 힘이 있습니다. 그래서 날마다 웃는 사람은 건강하게 오래오래 살 수 있습니다.

저희 좋은나무성품학교에서는 성품의 위인을 가르치며 웃음과 건강의 관계를 많이 다뤘습니다. 그 가운데 웃음에 대한 의학적 연구를 최초로 체계적으로 진행한 웃음학의 아버지 노만 커즌스(Norman Cousins) 박사가 있습니다. 노만 커즌스 박사는 불치병인 강직 척수염에 걸려 죽음을 선고받았습니다. 그러나 그는 적극적으로 자신의 질병에 대처할 것을 결심하고 웃음치료법을 시도했습니다. 고통을 느낄 때마다 모르핀 주사 대신 코미디나 희극 영화를 보거나 유머 관련 책을 보며 웃으면서 견뎠는데 어느 순간 그 불치병이 없어져버렸고, 이러한 자신의 경험을 바탕으로 웃음 치료법을 만들게 되었습니다.

감사하는 사람에게는 질병이 들어오지 못합니다. 면역성이 높아지기 때문입니다. 날마다 웃는 사람은 건강하게 오래오래 살 수 있답니다.

독일 태생의 미국 정신분석학자 에릭슨(Erik Homburger Erikson)은 인간의 성장 과정을 8단계로 나누었습니다. 인생에는 사회성 발달의 단계가 있어서 전(前) 단계의 과정들을 잘 성취해야 그 다음 단계로 넘어간다는 이론입니다. 성품도 마찬가지입니다. 하나의 성품이 가다듬어지면 그 다음 성품, 그 다음 성품으로 나아가 점점 성숙해집니다.

그런데 반대로 이 성장 과정에서 이전 과업들을 제대로 이루지 못했을 때 아주 부정적이고 나쁜 성품이 되어, 결국 마지막 8단계에서는 고립되고 격리되어 외로운 삶을 살게 된다고 합니다. 에릭슨은 인간 성장의 마지막 8단계, 곧 노년기의 과업으로 자아 통합, 고결한 성품이라는 말을 썼습니다. 고결한 성품이란 지나온 삶들을 돌아보면서 그 모든 것을 통합할 수 있는 능력입니다. 지난 날 내가 겪었던 어려움이 협력해서 선을 이루어 오늘의 나를 새롭게 만들었다는 것을 인정하고, 내 삶을 통합적으로 바라볼 수 있는 능력이 생길 때, 결국 고결한 성품이 된다는 것입니다. 사실 이 성품으로 살아가기가 우리 인생의 중요한 주제입니다.

돈도 명예도 우리 인생의 전부가 아닙니다. 세상에서 지금 하고 있는 어떤 일들은 헛된 노력일 수 있습니다. 그런데 인생을 사랑하고, 내게 주어진 모든 아픔과 슬픔과 사랑까지도 다 통합해서 품어 낼 수 있는 감사하는 성품을 지닌 사람은, 마지막에 성공할 사람이며 가장 귀한 인생을 살아 내는 사람입니다. 지금 당장 힘들어도 낙심하지 말고, 내게 능력 주시는 자 안에서 무엇이든 할 수 있다는 믿음을 붙들고 이겨 내십시오. 하나님이 우리 안에 모든 것을 허락하셨기 때문에 우리가 그것을 하나님이 주신 선함으로 받아들일 때 내 안에 있는 아픔이 변하여 오늘의 축복이 될 수 있습니다. 그런 것들이 하나하나 쌓여서 인생의 마지막 장을 내릴 때, 감사함으로 그 문에 들어갈 수 있습니다. 또 주님의 보좌 앞에서 주님과 대화할 때 하나님께서 우리에게 이렇게 말씀하실 것입니다.

"그 주인이 이르되 잘하였도다 착하고 충성된 종아 네가 적은 일에 충성하였으매 내가 많은 것을 네게 맡기리니 네 주인의 즐거움에 참여할지어다 하고"(마태복음 25:23)

하나님이 우리에게 면류관을 씌워 주심으로써, 하나님께서 우리 각자에게 허락해 주셨던 삶에 대한 감사의 축제가 열리게 될 것입니다. 감사는 새로운 지평을 엽니다. 그동안 우리가 감사하지 못했던 것들을 돌아봤으면 좋겠습니다.

저는 좋은나무성품학교에서 아이들에게 '관계 맺기의 비밀-TAPE 요법'을 가르치는데 첫 번째 관문이 감사하기(Thank you)입니다. 먼저 감사한 것들을 찾아보게 합니다. 감사하게 될 때 관계가 맺어지기 때문입니다. 두 번째 관문은 용서 구하기(Apologize)입니다. 부지중에 내가 그 사람에게 무관심했던 것, 무례했던 것, 좋은 성품으로 대하지 못했던 것들에 대해 용서를 구하게 합니다.

세 번째 관문은 요청하기(Please), 내가 잘 할 수 있도록 도와달라고 요청하는 것입니다.

네 번째 관문에서는 내 안에 숨겨져 있던 진실한 마음을 표현할 수 있도록 내 마음을 표현하기(Express)를 가르칩니다.

이것이 수직과 수평으로 이루어져야 합니다. 즉, 하나님과도 위와 같은 방법을 적용하여 관계를 맺어가며 사람들 사이에서도 동일한 방법으로 관계를 맺어가는 것입니다. 이렇게 관계 맺기를 잘하는 사람이 인생에서 성공합니다. 인생은 결국 인간관계이기 때문에 그렇습니다. 관계를 어떻게 맺느냐에 따라서 내 인생이 행복해지기도 하고 불행해지기도 합니다.

감사하는 성품으로 관계를 새롭게 시작하시길 소망합니다. 그동안 감사하지 못했던 사람들을 찾아가서 마음을 표현하십시오. 감사했다고 말씀하십시오. 그동안 무심했던 것을 용서해 달라고 용서를 구하고, 감사하는 삶을 살 수 있도록 하나님과 사람 앞에 요청하며 마음을 잘 표현하는 삶을 살기 바랍니다.

무엇보다 하나님과 좋은 관계를 맺게 되기를 원합니다. 그동안 하나님과 소원하여 친밀함이 없어졌다면, 그럼에도 불구하고 나를 이렇게 살게 해 주신 것을 감사하십시오. 하나님의 존재로 인하여 감사함을 표현하기 바랍니다. 감사함으로 그 문에 들어가기 바랍니다. 하나님께 용서를 구하고 요청하시기 바랍니다.

"너희 중에 누구든지 지혜가 부족하거든 모든 사람에게 후히 주시고 꾸짖지 아니하시는 하나님께 구하라 그리하면 주시리라"(야고보서 1:5)

후히 주시는 하나님 아버지께서 우리에게 주실 것입니다. 모든 일에 감사할 수 있는 지혜와 마지막까지 우리의 삶을 감사함으로 살아갈 수 있도록 용기와 힘을 달라고 기도하시기 바랍니다. 그리고 자연스럽게 하나님께 마음을 드리시기 바랍니다. 담대히 하나님 앞에 나아가십시오. 감사로 새로운 지평을 여는 사람들이 되기를 진심으로 바랍니다.

"여호와가 우리 하나님이신 줄 너희는 알지어다 그는 우리를 지으신 이요 우리는 그의 것이니 그의 백성이요 그의 기르시는 양이로다 감사함으로 그의 문에 들어가며 찬송함으로 그의 궁정에 들어가서 그에게 감사하며 그의 이름을 송축할지어다"(시편 100:3-4)

울리지 않는 종은 종이 아니고, 표현하지 않는 사랑은 사랑이 아닌 것처럼 표현하지 않은 감사도 감사가 아닙니다.

짧은 묵상 긴 행복

성품으로 새롭게 시작하기

1 그동안 감사할 것을 감사함으로 알지 못하고 불평하고 원망하는 마음을 갖고 있지는 않았습니까? 있다면 솔직하게 나누어 보세요. 그리고 하나님 앞에 솔직하게 털어놓고 용서를 구하세요.

2 내가 살아 온 인생길을 돌아보았을 때 도저히 감사할 수 없다고 생각되는 고난(질병, 물질의 어려움, 증오, 슬픔, 배신, 분노 등) 가운데서도 감사했던 경험이 있나요? 고난 가운데서도 감사했을 때 부어 주신 은혜들이 있다면 나눠 주세요.

3 삶 가운데 감사의 목록을 20가지 정도 찾아 기록해 보세요.

4 감사하는 마음은 가득한데 시간이 없어서 혹은 용기가 나지 않아 표현하지 못했던 사람이 있는지 생각해 보세요. 떠오르는 사람이 있다면 지금 사랑이 가득 담긴 문자 메시지를 보내 보세요. 감사는 손끝으로 행하는 것임을 기억하세요.

5 감사의 마음을 행동이나 말로 표현할 때 어떤 방법을 자주 사용하나요? 서로 나누어 보고 좋은 감사의 표현들을 공유하고 실천해 보세요.

6 나의 가장 사랑하는 남편과 아내 또는 자녀에게 진심이 담긴 감사의 편지를 써보세요. 조건이 붙은 감사가 아니라 존재와 만남 자체에 대한 감사를 표현해 보세요. 실천해 본 후 가정에서는 어떤 변화가 있었는지 나누어 보세요.

7 골로새서 3장 15-17절을 묵상하고 각자에게 주신 마음을 나누어 보세요.

"그리스도의 평강이 너희 마음을 주장하게 하라 너희는 평강을 위하여 한 몸으로 부르심을 받았나니 너희는 또한 감사하는 자가 되라 그리스도의 말씀이 너희 속에 풍성히 거하여 모든 지혜로 피차 가르치며 권면하고 시와 찬송과 신령한 노래를 부르며 감사하는 마음으로 하나님을 찬양하고 또 무엇을 하든지 말에나 일에나 다 주 예수의 이름으로 하고 그를 힘입어 하나님 아버지께 감사하라."(골로새서 3장 15~17절)

이것저것 노력해 봤는데
나의 자존감은 왜 여전히 제자리인걸까?
_____

: 두 번째 여행

성품으로 나를 찾아 떠나기

기쁨으로
나를 알아가기

기 쁨
어려운 상황이나 형편 속에서도 불평하지 않고
즐거운 마음을 유지하는 태도

_ 좋은나무성품학교 정의

이번 장에서는 바로 나 자신에 대해 이야기해 보도록 하겠습니다. 이번 장의 주제는 성품으로 '나 자신'을 사랑하기입니다. 저는 미국 최대 한인 여성 사이트(www.missyusa.com)에 자녀 교육 칼럼 등을 게재하고 있는데, 간혹 자신감 없는 자녀를 둔 부모들이 내 아이를 어떻게 하면 좋겠냐고 상담해 오는 경우가 있습니다.

"우리 아이들은 너무 자신감이 없어요. 다른 아이들이 하자는 대로만 합니다. 어떻게 하면 자신감을 길러 줄까요?"

"우리 아이는 나이가 어린데도 굉장히 우울해하고 사람들 앞에 나서지도 못합니다. 눈도 못 마주치고 수줍어서 말도 못합니다. 날마다 엄마 뒤꽁무니만 따라다니며 숨기 일쑤죠. 어떻게 해야 자신감 있는 아이가 될까요?"

"우리 아이는 참 자신감이 없어요. 매사에 소극적이고 의욕이 없어요. 어떻게 해야 자신감 있고 적극적인 아이가 될까요?"

그러면 저는 이렇게 답글을 올립니다.

"자신감 없다는 아이에게는 사랑한다고 말하는 것이 답입니다. 부모님께서 시간을 따로 내서 그 아이에게 일대일로 시간을 투자하세요. 하루에 10분이라도 아이와 눈을 마주치고 그 아이가 부모에게 얼마나 소중한 아이인지, 가정에서 얼마나 귀한 아이인지 알려주고 함께 놀아 주세요. 그러면 아이는 변할 것입니다. 자신감이 생기고 적극적이고 의욕 있는 아이가 될 것입니다."

자신감의 근원

왜 사랑이 답일까요? 자신감이라고 하는 것은 항상 나 자신, 곧 자존감에서부터 시작되기 때문입니다. 자기 안에 자존감이 차곡차곡 쌓인 아이들은 자신도 모르는 사이에 자신감 있는 모습으로 사람들 앞에 서게 됩니다. 자신이 얼마나 소중하고 귀하고 엄청난 존재인지 아는 데서부터 모든 기쁨이 시작됩니다. 기쁨이 충만한 아이가 매사에 의욕적이고, 두려움 없이 많은 사람들 앞에 설 수 있는 것입니다.

반면, 소속감이 없고, 거절감이 강하고, '내가 이렇게 말하면 저 사람이 뭐라고 할까' 싶어 늘 두려워하고, 야단맞아 늘 의기소침해 있고, 어떻게 하면 엄마 마음에 들까 고민하던 아이는 학교에 가서도 아이들에게 "No!"라고 말을 못 합니다. '내가 싫다고 하면 아이들이 싫어할 거야!'라고 지레 생각하고, 항상 자기 마음속에 있는 소원대로 행하는 것이 아니라 다른 사람이 원하는 대로 따라주는 사람이 됩니다.

사실 그런 경험들이 있지 않습니까? 어른이 된 후에도 그런 모습이 남아 있는 경우가 많습니다. 성품을 다하여 나 자신을 사랑하기가 참 중요한 일인 것입니다.

기쁨과 자존감

저는 성품을 다하여 나 자신을 사랑하는 것이 바로 '기쁨'이라고 아이들에게 가르칩니다. 좋은나무성품학교에서는 기쁨을 어떻게 소유하고 기쁨의 태도를 유지할 수 있는지 아이들에게 연습시킵니다. 이것이 아이들에게 가르치고자 하는 다른 어떤 것보다 가장 중요한 일이라는 생각에서입니다.

기쁨이란 '어려운 상황이나 형편 속에서도 불평하지 않고 즐거운 마음을 유지하는 태도(좋은나무성품학교 정의)'입니다. 이것이 기쁨의 정의

입니다.

　기쁨이란 좋을 때뿐만 아니라 어려운 상황에서도, 그것도 아주 힘든 상황에서도 불평하지 않는 것입니다. 이것이 기쁨의 태도입니다. 즐거운 마음이 속에서부터 우러나오면 좋겠지만 그러지 못할 때도 그 마음을 유지하는 것이 기쁨의 성품을 가진 사람의 태도입니다.

　똑같은 상황에서 어떤 사람은 슬퍼하는가 하면, 또 다른 사람은 정말 그 상황에 처한 사람이 맞는지 의아할 정도로 기쁨의 태도를 유지하며 다른 사람에게 힘과 용기를 줍니다. 그런 사람 옆에는 사람들이 모이기 시작하며, 그렇게 사람들이 추종하고 따르다 보면 마침내 이 땅의 지도자가 되는 것입니다. 우리가 자녀들에게 많은 지식을 넣어 주려고 하는 것보다 더 우선순위로 두고 심어 주어야 할 것이 '기쁨'이라는 성품입니다. 아이들이 아주 어려서부터 기쁨의 성품을 배워 매우 어려운 상황이나 형편 속에서도 불평하지 않고 즐거운 마음을 유지할 수 있다면, 부모의 보호 없이도 스스로 기쁨의 태도를 가지고 이 땅을 점령해 나갈 수 있을 것입니다. 성경 말씀에 보면 이사야 43장 4절에 이런 말씀이 나옵니다. "네가 내 눈에 보배롭고 존귀하며 내가 너를 사랑하였은즉"

　자아존중감이 없던 사람도 이사야 43장 4절 말씀 하나로 회복될 수 있습니다. 이 말씀은 그 자녀인 우리들을 향한 하늘 아버지의 다음과 같은 고백입니다.

사랑하는 아이야, 난 네가 참 좋단다.
내가 지은 모든 것들 중에서 가장 아름답게,
가장 정성을 들여 깊은 사랑을 쏟아 지금의 너를 만들었단다.

그리고 난 너에 대한 생각이 얼마나 많은지,
네 삶에 대한 계획과 목적을 가지고 있지.
기대하렴. 너를 통해 심히 크고 창대한 일을 이룰 거란다.
비록 지금의 네 모습이 작고 연약해 보여도.

그리고 말이야. 만일 이러한 나의 뜻을
네가 저버린다 할지라도 걱정하지 않아도 된단다.
그래도 나는 변함없이 너를 사랑할 거야.

네가 거짓말을 할 때도, 때로는 옳지 않은 일을 할 때도,
때로는 나를 부인하고 부정할 때도 나는 변함없이
너를 사랑한단다. 나는 너의 존재 그 자체만으로도

기뻐서 어쩔 줄 몰라 춤을 춘단다.

사랑하는 아이야, 난 네가 참 좋단다.
네가 실수할 때도, 네가 잘못을 저지를 때도, 네가 낙심하여
넘어질 때도, 한결같이 나는 너를 사랑할 거야.
네가 쓰러진 그곳에서 나는 너를 강하게 할 거란다.
나는 너를 포기하지 않고 지킬 거야.
너를 기대하면서 너와 영원히 함께할 거란다.

사랑하는 아이야, 난 네가 참 좋단다. 내가 너를 얼마나
사랑하는지 기억해 주렴. 내가 너를 그 어떤 것보다도
보배롭고 존귀하게 여기고 너를 사랑한다는 것을.
이 사랑을 네가 다른 사람들에게 전해 주길 부탁해도 되겠니?

너를 사랑하는 하늘 아빠가

-이영숙-

자존감은 자신감으로 나타납니다. 그리고 이 자존감은 스스로 가질 수 없습니다. 주변에 있는 사람을 통해서만 얻을 수 있는 자기인식입니다. 주변 사람이 지나가면서 "어쩜 저렇게 예쁠까?"라고 말해 주면, '아 나는 예뻐' 하며 스스로가 예쁜 사람이라고 하는 자아 인식을 갖게 됩니다. 엄마가 옆에서 "네가 얼마나 귀한지 알아? 엄마는 너 때문에 산다"고 말해 주면 아이는 '아, 나는 참 귀한 사람이구나'라고 생각하게 됩니다.

아빠가 "너 때문에 내가 힘이 난다. 너는 우리 가정의 보배야"라고 말하면 '아, 나는 보배구나' 하며 뿌듯해 하게 됩니다. 주변 사람들이 들려주는 말 한마디 한마디가 모여서 그 사람의 자존감을 형성합니다. 이 자존감이 내면에 형성된 사람은 밖으로 자신감이 나타납니다. 누구를 만나도 당당합니다.

저희 막내아들이 캠프를 가는데 모회사에서 비매품으로 받은 가방을 가지고 가라고 했더니, 처음에는 유명 상표가 아니라서 창피하다고 싫다 했습니다. 그러나 크기가 맞으니 이것이 좋다고 타일렀습니다. 아들은 순종하며 갖고 나가기는 했는데, 캠프장으로 가는 내내 이렇게 걱정했습니다.

"아, 애들이 놀릴 것 같아. 다른 애들은 다 메는 가방 가져가는데 나만

들고 다니는 가방 갖고 가는 것 같아."

제가 "아들아, 엄마가 너를 얼마나 사랑하는 줄 알아? 할머니가 얼마나 너를 존귀하게 여기는 줄 알아? 아빠가 널 얼마나 귀하게 여기는 줄 알아?" 하니 아이는 고개를 끄덕이며 그렇다고 말해 주었습니다. "그럼, 넌 자존감 있는 사람이네? 자존감 있는 사람은 내가 하는 것에 따라 다른 사람이 따라올 것이라고 믿고 나 하고 싶은 대로 하는 거야"라고 말해 주었더니, 그제야 아이의 얼굴이 편안해진 것 같았습니다.

"네가 들고 온 가방, 메이커가 아니라고 뭐라고 말할 사람은 아무도 없어. 너만 그럴 거라 생각하는 거지. 네가 당당하게 그 가방을 들고 다니면 다른 아이들도 다음에는 저렇게 들고 다니는 가방을 가져와야지 생각하게 돼"라고 마무리해 주었더니 "응, 알았어" 하면서 기쁘게 갔습니다. 자존감 있는 사람은 사람들이 뭐라고 하든 좌우되지 않고 자신의 행동을 합니다.

우리 아이들 중 어떤 아이는 부모를 일찍 여의었거나, 부모가 너무 바빠 이런 이야기를 듣지 못하고 자랐을 수도 있습니다. 그러나 하나님 아버지께서는 "내가 너를 보배롭고 존귀하게 여기고 너를 사랑한다"고 말씀하십니다. 이 말씀을 계속 들려주면 내면에서 자존감이 생깁니다. 내가 얼마나 귀한지, 얼마나 존귀한 사람인지 아는 사람은 기쁨도 소유하게 됩니다. 이런 사람은 언제나 방글방글 웃고 다닙니다.

그런데 자존감이 없는 사람은 기쁨도 없습니다. 기쁨은 내 안의 만족감에서 나오는 것이지 외부의 조건에 의해 좌우되는 것이 아니기 때문입니다. 세상 만물을 다 가져도 내 안에 기쁨이 없다면 그 모든 것이 헛것입니다. 저희는 아이들에게 기쁨을 가르칠 때 자신이 얼마나 소중한지부터 가르칩니다.

중학교 2학년 학생들에게 성품을 가르치러 어느 기관을 방문한 적이 있습니다. 그 아이들은 공부를 잘하는 친구들이었습니다. 그 학생들의 기쁨 지수가 어느 정도인지 궁금하여 들떠서 갔는데, 막상 가보니 아이들은 기운 없이 앉아 있었습니다.

기쁜 적 있었냐고 물어봐도 "없어요", 언제 기뻤느냐고 물어도 "몰라요"라는 단답형 대답으로 일관했습니다. 또 기뻤을 때를 말해 보라고 했더니, "수학 시험을 잘 봤을 때요", "영어 100점 맞았을 때요", "반장에 뽑혔을 때요" 등 공부와 연관되지 않은 대답이 하나도 없었습니다.

저는 그것을 보고 참 많은 것을 느꼈습니다. 오늘날 우리 아이들은 잘못되어도 한참 잘못되었다는 것입니다. 한창 자라나는 청소년들이 기가 반은 꺾여서, 공부 잘하는 것만 빼면 아무런 기쁨도 없이 살고 있습니다.

이것은 어른들 탓입니다. 100점 맞아야, 반장이 되어야, 옆집 아이보다 잘해야 엄마가 좋아하니 아이들이 열등감이나 혹은 동전의 양면과도 같은 교만에 찌들어 살고 있습니다. 비교의식, 열등의식이 우리나라 청소년의 문제입니다. 성적이 좋으면 좋아하고 나쁘면 세상이 끝난 것처럼 비관합니다. 눈에 보이는 결과에 매달려 "너 이러다가 어떻게 할래?"라고 다그치니, 아이들의 기쁨이 모두 성적과 관련된 것이 되어 버렸습니다. 이제, 이러한 성과 위주의 생각들을 다 버려야 합니다.

"네가 그렇게 창의적으로 생각해 주어서 정말 훌륭하다."

"네가 그렇게 인내하고 해야 할 일들을 책임감 있게 해 주어서 훌륭한 성적을 거뒀구나. 고맙다."

이렇게 성품을 칭찬해 주면 아이들은 바뀔 것입니다. 우리는 진실된 말을 해야 합니다. 잘못된 시각으로 진정한 가치를 잘못 평가하는 습관에서 벗어나 진짜 이야기를 들려주어야 합니다.

"빵점 맞아도 너는 나의 사랑하는 아이야. 네가 어떤 행동을 하고 네게 어떤 일이 일어나도 하나님 아버지가 너에게 하신 이 말은 진짜야. 내가 오늘 진실을 알려 줄게. 하나님 아버지가 너에게 뭐라고 말씀하신 줄 알아? 하나님이 너를 보배롭고 존귀하게 여기고 너를 사랑한다고 말씀하셨어."

이 진리를 자꾸 듣는 아이들은 내면에서부터 힘이 생겨나서 이 세상을 박차고 나가 살아갈 용기를 얻게 됩니다.

성품법칙❷ 기쁨의 법칙

성품법칙❷ 기쁨의 5-2-5 법칙

- 5 : 천천히 숨을 5번 들이마십니다.
- 2 : 숫자로 1, 2를 마음속으로 세며 숨을 참습니다.
- 5 : 천천히 숨을 5번 내쉽니다.

상황이 어렵고 형편이 어려워 문제가 생길 때, 나의 속상함을 확 쏟아 붓고 나면 어떻습니까? 기쁩니까? 그러고 나면 잠시 시원할지는 모르지만 우리의 평강은 깨지고 맙니다. 그렇기 때문에 어려운 상황에서도 성품을 다하여 나 자신을 사랑하는 기쁨의 법칙이 필요합니다. 이것이 곧 '기쁨의 5-2-5 법칙'입니다.

마음 조절이 잘 안 되고, 짜증나거나 화가 날 때가 있습니다. 너무 흥분해서 마음이 진정되지 않을 때도 있습니다. 슬플 때도 있고 심히 의기소침해질 때가 있습니다. 그럴 때는 '기쁨의 5-2-5 법칙'대로 해 봅니다. 내 마음을 조절하면 다른 사람들과 함께 기쁨을 나눌 수 있는 기회가 더욱 많아집니다.

이 방법을 배우면 기쁨의 성품을 훈련할 수 있습니다. 화가 벌컥벌컥 나고 속상해서 퍼붓고 싶을 때 천천히 숨을 5번 들이마시고, 2번을 참고, 천천히 5번 내쉽니다. 집에서 연습하길 바랍니다.

어떤 교육학자는 10을 세지 못하면 부모 될 자격이 없다고 했습니다. 내 감정을 조절할 줄 아는 사람이 기쁨을 오래 유지할 수 있습니다.

기쁨의 태도 연습

기쁨의 성품을 어떻게 연습할 수 있을까요?

첫째, 내가 얼마나 소중한 사람인지 매일 자신에게 말해 주어야 합니다.

어떤 엄마와 교육상담을 했습니다. 그 엄마는 완벽주의적인 성격이 있어서 자신의 아이도 완벽하게 만들려고 무척 애를 썼습니다. 그러나 오히려 아이는 자신감이 없고, 아이들 앞에 서지도 못하고, 싫다는 소리도 하지 못했습니다. 아이에게 완벽을 심하게 요구하다 보니 아이는 지나친 요구에 의기소침해 하며 오히려 소심해진 것입니다. 주위 사람의 기대에 자신을 맞추려 하지 말고, 스스로가 얼마나 소중한 사람인지 깨달아야 합니다. 그것을 매일매일 자신에게 말해 주는 연습을 할 때 스스로 넘치는 기쁨의 성품을 소유하게 됩니다.

둘째, 건강한 내 몸을 위하여 좋은 음식을 선택하고, 매일 한 가지씩 운동을 합니다. 건강한 몸을 위하여 내 몸을 보배롭게 지키고 잘 가꾸는 지혜가 필요합니다.

셋째, 규칙적인 생활을 하고, 나를 위해 배우는 것을 즐거워해야 합니다.

넷째, 내 마음을 잘 표현하고 조절해야 합니다.

자기 마음을 잘 표현하지 못해서 어려움을 겪을 때가 많지 않습니까?

다섯째, 만나는 모든 사람에게 소중하다고 말해 줍니다.

기쁨은 전이되는 것입니다. 상대방이 얼마나 소중한지 웃으면서 말해 주면 사랑이 퍼져 나갑니다.

여섯째, 다른 사람을 비난하거나 흉보지 않습니다.

이것은 바로 나를 위해서입니다. 다른 사람을 비난하고 흉볼 때 사실 가장 힘든 것은 내 마음이기 때문입니다.

일곱째, 내가 속한 곳의 규칙과 질서를 잘 지킵니다.

여덟째, 내게 있는 것을 감사하고 기뻐해야 합니다.

내가 가지지 못한 것에 대해 불평하기보다는 현재 가지고 있는 것에 기뻐하고 감사할 수 있어야 합니다. 이런 태도는 어릴 때부터 가르쳐야 합니다. 아이들이 자꾸 자신에게 없는 것을 불평하기보다는, 내가 무엇을 가지고 있든 그것을 받아들이고 기뻐할 수 있도록 가르치는 것은 굉장히 중요합니다. 하나님께서 나를 만드신 그 모습 그대로 감사하면서 기뻐해야 합니다.

어떤 아이는 자신의 얼굴이 못생겨서 기쁨이 없다고 합니다. 그럴 때 아이들에게 "네가 바꿀 수 없는 것은 감사함으로 받아들이라"고 가르치십시오. 자신의 약한 것을 부여잡고 사랑할 수 있어야 합니다.

당신이 대한민국 국민인 것을 바꿀 수 있습니까? 없습니다. 내 부모를 바꿀 수 있습니까? 없습니다. 부모를 원망하며 일생을 망치는 사람이 있습니다. 하지만 그 부모를 주신 것은 하나님의 은혜입니다. 자신이 바꿀 수 없는 모든 것이 감사 제목입니다.

아홉째, 내 은사를 찾아서 개발해야 합니다.

기쁨의 성품을 개발하려면 다른 사람의 재주를 부러워하지 말고, 내가 잘하는 것이 무엇인지 알고 거기서 기쁨을 성취하며 살아야 합니다. 그렇게 하면 자신의 약점도 극복할 수 있습니다. 아이들이 지닌 장점을 찾아서 개발시켜 주는 것은 부모의 몫입니다.

저는 때때로 강의를 하고 강사료를 받으면 10분의 1을 아이에게 주면서 이렇게 말합니다.

"아들, 엄마가 너에게 십일조를 낼게. 엄마는 10의 2조를 드리는데 하나는 하나님께, 하나는 우리 아들에게 내는 거야. 왜냐하면 나중에 네가 이 세상을 다니며 하나님을 전할 선교사이기 때문이야. 미리 선교 헌금을 너에게 비축하는 거야."

그리고 이것은 전도헌금이 아니라 선교헌금이라는 것을 명심하라고도 말해 줍니다. "너의 그 재능이 오대양 육대주를 넘어 하나님의 영광이 될 날이 올 것이라고 엄마는 믿어. 너는 하나님의 선교사야"라고 얘기해 주며 투자합니다. 그냥 용돈 주고 마는 것보다, 이 아이가 감동 받아서 하나님께 쓰임 받는 선교사, 자신의 재능으로 섬길 수 있는 선교사가 되도록 자녀의 마음속에 비전의 씨앗을 심어 두는 것이지요.

마지막으로 현재 나의 소원을 포기하지 않고 주님께 의탁해야 합니다.

당신은 언제 기쁩니까? 내 마음의 소원이 이루어졌을 때 기쁘지 않습니까? 크리스천이 이 땅에 살면서 기쁨을 유지하며, 항상 기뻐하라는 말씀을 이룰 수 있는 것은, 내 안에 있는 그 소원이 주님 안에서 언젠가는 이루어질 것이라는 믿음이 있기 때문입니다. 그래서 우리는 언제나 기뻐할 수 있는 사람입니다.

　나는 목적을 갖고 태어난 하나님의 귀한 자녀입니다. 나는 귀중한 존재입니다.

　　기쁨의 유익

　기쁨을 가진 사람은 자신감과 큰 꿈을 얻게 됩니다. 기쁨이 있는 사람은 자신감이 있습니다. 기쁨이 있는 사람은 풍성한 인간관계를 맺게 됩니다. 기쁨이 있으면 다른 사람이 나를 좋아합니다. 기쁨이 있으면 열정이 많아지고 꿈을 이루게 됩니다. 기쁨이 있으면 질병도 물리치고, 기쁨이 있으면 모든 것을 긍정적으로 보게 됩니다. 기쁨이 있으면 다른 사람들을 너그럽게 대하게 되며, 행복합니다. 기쁨이 있으면 성공합니다. 기쁨이 생기면 좋은 점이 너무나 많습니다.

　그런데 성품을 다해 나를 사랑하는 데는 걸림돌이 있을 수 있습니다. 온전한 기쁨을 누리지 못하게 하는 방해물 말입니다. 그것은 바로 내 속에 있는 어린 시절의 상처입니다. 그 걸림돌을 제거해야 우리가 앞으로 나아갈 수 있습니다.

　그래서 다음 장에서는 긍정의 삶을 다루는 한 편 나를 치유하는 작업을 해 보려고 합니다.

짧은 묵상 긴 행복

성품으로 나를 찾아 떠나기

1 내가 소중하지 않게 느껴지거나, 보잘 것 없는 존재라고 생각해 본 적이 있나요?

2 기쁨의 성품을 가지면 나에게 어떤 유익이 있을까요? 기쁨의 성품으로 달라질 나의 모습을 상상해 보세요.

3 나의 일상생활에서 기쁨의 성품을 어떻게 연습할 수 있을까요?

4 매일 아침마다 머리 위에 한 손을 올린 후, "나는 나를 사랑해, 나는 너무 소중해"라고 자신에게 매일 속삭여 보세요. 달라지는 기쁨의 성품을 느껴 보세요.

〈좋은 성품을 키우는 좋은 글〉

오늘도 이렇게 말해주세요

마음을 넓고 깊게 해주는 말 ✽ "미안해"
겸손한 인격의 탑을 쌓는 말 ✽ "고마워"
날마다 새롭고 감미로운 말 ✽ "사랑해"
사람을 사람답게 자리잡아 주는 말 ✽ "잘했어"
화해와 평화를 이루는 말 ✽ "내가 잘못했어"
모든 걸 덮어 하나되게 해주는 말 ✽ "우리는…"
세상에서 가장 귀한 보배로운 말 ✽ "친구야"
봄비처럼 사람을 쑥쑥 키워주는 말 ✽ "네 생각은 어때?"
언제든 모든 날을 새롭게 하는 말 ✽ "첫 마음으로 살아가자"

긍정적이고 밝은 사람으로 변하고 싶지만
나에 대한 부정적인 생각이 변하지 않는다.

어떻게 해야 나를 사랑할 수 있을까?

: 세 번째 여행

성품으로 나 치유하기

긍정적인 태도로
나 사랑하기

긍정적인 태도
어떠한 상황에서도 가장 희망적인
생각, 말, 행동을 선택하는 마음가짐

_좋은나무성품학교 정의

왜 우리는 상처 입은 어른이 되었나

두 번째 여행에서 기쁨으로 나의 존재를 인정했다면, 세 번째 여행은 '긍정적인 태도로 나 사랑하기'로 문을 열겠습니다.

왜 나부터 사랑해야 할까요? 나를 사랑하지 못하면, 다른 사람도 사랑할 수 없기 때문입니다. 대인관계가 어렵고, 사회생활이 원만하지 못한 사람들을 가만히 보면, 자기 자신과 화목하지 못한 경우가 꽤 많습니다.

저는 대학원 교수로서 학생들에게 특수교육과 성품교육을 강의했는데, 어느 학기 부모 상담교육 시간에 '성품치유'를 가르치게 되었습니다. 다양한 성품치유 이론과 방법으로 대학원생들의 내면의 아픔을 치유하는 작업을 하면서 생각지도 못한 엄청난 치유의 역사가 이루어졌습니다.

좋은 성품으로 자라지 못하는 이유는 바로 우리 안에 상처받은 아이가 있기 때문입니다. 살아있는 모든 유기체는 어떤 자극을 받으면 우리 몸에 저장이 되는데, 이러한 과거의 기억들이 후일 그가 어떠한 사람이 될 것인지를 결정하는 중요한 원인이 됩니다. 특히 생후 0세부터 3세, 3세부터 6세, 6세부터 13세까지의 기억은 한 사람의 성품을 좌우하는 기억이 됩니다. 좋은 성품을 회복하기 위해서는 자신의 성품을 형성한 기억을 찾아가는 '과거로의 여행, 성품치유'가 필요합니다.

부모와의 기억이 자녀의 성품이 된다

상처는 유년시절에 형성된 경우가 많습니다. 유년시절의 기억을 더듬어보기 위해서는 '애착관계'를 되돌아봐야 합니다. 애착이론을 과학적으로 정립한 존 볼비(John Bowlby)는 애착을 부모 각각에 대해 아동이 가지는 강하고 지속적인 유대라고 말합니다.

애착이 잘 형성된 아이들은 안정적으로 좋은 생각, 좋은 감정, 좋은 행동을 선택하면서 인지적·행동적·사회적 발달을 이뤄갑니다. 그러나 심리적으로 불안한 환경에 노출되어 적절한 돌봄을 받지 못하거나 원치 않는 분리나 상실, 박탈을 경험한 아동은 상처, 거절감과 같은 심리적 어려움을 갖게 되고, 대인관계의 어려움을 겪습니다.

유년 시절에 어떤 애착이 이뤄졌는가에 따라 사람은 저마다 특유의 애착 유형을 지니게 되는데, 존 볼비의 애착이론을 발전시킨 애인스워드(M. Ainsworth)는 애착 유형을 아래의 4가지로 분류했습니다.

《애착 유형》
① 안정 애착형(Secure Attachment)
② 회피 애착형(Avoidant Attachment)
③ 저항 애착형(Resistent Attachment)
④ 혼란 애착형(Disorganized Attachment)

안정 애착형 엄마가 섬세하게 반응하는 경우

아이가 엄마에게 배고프다거나, 기저귀를 갈아달라고 보챘을 때 "우리 아기, 엄마 찾았어요?"라며 엄마가 민감하게 반응해 주었다면, 아이는 다시 심리적인 안정을 찾습니다. 이런 경험이 많은 아이들은 안정형 애착을 지닌 안정 애착아로 자라게 됩니다.

안정 애착형에 해당하는 사람은 대인관계에서 안정적인 유대감을 형성합니다. 자신이 신뢰하는 사람이 자기를 사랑해 줄 것이라는 사실을 당연하게 받아들이고 확신합니다.

회피 애착형 엄마가 둔감한 경우

엄마가 피곤하거나 바쁘다는 이유로 아이의 요구에 둔감하게 반응하고, 자꾸 정서적인 거리를 두면 아이는 엄마가 자신을 귀찮아한다고 느낍니다. 이런 경험이 많으면 회피 애착이 형성됩니다. 반대로 엄마가 아이의 행동에 지나치게 반응하는 것도 아이의 자율성을 해치기 때문에 회피 애착형으로 자라게 합니다.

회피 애착유형에 해당하는 사람은 인간관계를 맺을 때 어느 정도 거리를 두길 원합니다. 가까운 관계를 편하게 느끼지 않고 불편해 합니다. 갈등도 피하려 하지요. 또 뒤에서 타인을 쉽게 비난하면서 쾌감을 느끼기도 합니다.

저항 애착형 엄마가 기분에 따라 반응하는 경우

저항 애착형은 엄마가 기분에 따라 아이의 요청에 반응하고, 아이를 다루는 방법이 서툰 경우에 형성됩니다. 엄마의 일관적이지 않은 행동 때문에 아이는 엄마가 돌아오면 접촉을 시도하지만, 막상 엄마가 안아주면 화를 내고 내려달라고 소리를 지릅니다. 원하는 대로 안 되면 금방 떼를 쓰는 경우도 있습니다.

저항 애착형을 지닌 성인은 원만한 사회적 관계를 형성하고 유지하는 데 어려움을 경험합니다. 누군가와 친밀한 관계를 맺어야만 안심이 되는 성향인데, 내가 생각하는 만큼 상대방이 나를 소중하게 여기지 않을까봐 늘 염려합니다. 심한 경우 의처증이나 의부증의 문제로 확대되기도 합니다.

혼란 애착형 엄마가 아이를 방치하거나 비난하는 경우

아이가 엄마로부터 방치 당하거나 작은 실수에도 심한 잔소리, 비난을 들었을 경우에 아이는 엄마의 눈치를 보게 되고, 급기야는 엄마를 아예 부르지 않습니다. 그리고 늘 긴장하게 됩니다. 이런 경험이 많을 때 혼란 애착형으로 자랍니다.

혼란 애착형으로 자란 사람들은 사람들과 정서적으로 가까운 관계를 원하기는 하지만, 상처를 받을까봐 다른 사람을 잘 믿지 못하고 관계맺기를 피하려 합니다.

애착유형 이론은 어린 시절에 주 양육자와 깊은 유대감을 형성하지 못했을 경우, 청소년기 혹은 성인기까지 심리적·관계적 어려움을 겪을 수 있다는 사실을 알려줍니다.

성품 이노베이션 참석자 중에 유년시절의 상처로 유독 힘들어 했던 여성이 있었는데, '혼란 애착형'에 가까웠습니다. 어렸을 적부터 부모님에게 사랑이 담긴 칭찬 한 번 받아본 적이 없었고 부모님은 대체로 무관심하거나, 체벌을 일삼았다고 합니다. 때문에 그녀는 늘 자신감이 없었고 사람들의 눈치를 보며 지냈습니다.

그러던 그녀가 부모님을 최대한 닮지 않은 사람과 결혼을 했는데, 막상 아이를 낳고 키우다보니 자기가 부모님의 눈빛, 표정, 말투를 그대로 따라하고 있었답니다. 부모의 양육 유형이 그대로 답습된 것이지요.

특히 ADHD 판정을 받게 된 큰아이를 보면서 자기가 아이에게 던진 모진 말 때문에 아이가 아프게 됐다는 생각에, 자신을 용서할 수 없을 만큼 화가 났다고 합니다. 대체 자기가 왜 이럴까 싶어서 좌절하다가, 주변의 권유로 참석한 성품 이노베이션에서 '부정적인 애착관계' 때문에 자신이 이렇게 불안하고, 미성숙하게 살고 있다는 것을 알게 되었습니다.

이처럼 부모와의 관계에서 형성된 애착은 성인이 되어서도 그림자처럼 남아 우리의 성품에 영향을 미칩니다.

유아기에 상처 받은 사람에게 나타나는 9가지 특징

유년시절에 상처를 받은 사람들은 어떤 특징을 갖고 있을까요? '상처 받은 내면아이' 심리치료법을 정리한 존 브래드쇼(John Bradshaw)는 상처 받는 내면아이에서 나타나는 심리적 문제들이, 대인관계의 어려움을 만든다고 말합니다. 유아기에 상처받은 사람에게 나타나는 특징은 다음과 같습니다.

첫째, 나의 나 됨을 부정합니다. 정서적인 상처로 정체성을 상실한 나머지 있는 그대로의 자기 모습을 수용하지 못하는 것입니다. 외면을 꾸미는 데 치중함으로써 텅 빈 정체성을 채우려 합니다.

둘째, 지나친 수치심을 갖습니다. 외모나 재능, 어떤 면에서도 자신을 자랑스럽게 생각하지 못합니다. 늘 자신이 없고 수치심으로 자기를 괴롭힙니다.

셋째, 공격적인 행동을 합니다. 결과에 상관없이 자신이 원하는 것은 수단 방법 가리지 않고 얻으려 하면서, 자신의 무책임한 행동은 책임지려 하지 않는 경향이 있습니다.

넷째, 강박적인 과잉 통제를 합니다. 지나치게 순응하며 사람들을 기쁘게 하려고 노력하면서도, 자신과 정반대인 사람에게는 비판적이고 단정적입니다.

다섯째, 어떤 특정한 것에 "No"를 말할 수 없어 중독에 잘 빠져듭니다. 중독의 형태로는 사람, 일, 섹스, 약물, 게임 등 다양합니다.

여섯째, 혼자 버려지는 것이 극도로 두려워서 자신을 스스로 고립시킵니다. 혼자 있는 것이 자신을 방어하는 유일한 방법이며, 가장 안전한 경계선이라고 생각합니다.

일곱째, 생각의 폭이 극단적이며, 생각과 감정을 어떻게 구분하는지 잘 알지 못합니다. 'A친구가 나를 싫어한다면, B, C, D 친구들도 나를 싫어하고, 나와 놀지 않을 것이다'라고 극단적으로 생각합니다. 생각에 중간이 없습니다.

여덟째, 공허감과 우울함을 쉽게 느낍니다. 아무리 사람들이 나를 좋아한다고 해도, 스스로를 혼자라고 느끼며 인생의 의미와 재미를 잘 느끼지 못합니다.

아홉째, 엄격한 규율로 자녀를 지나치게 통제하거나 한계를 정해 주지 않아 지나친 복종이나 방종을 유도할 수 있습니다. 이러한 태도는 자녀들에게 인간관계의 심각한 어려움을 겪게 할 수 있습니다.

성품 이노베이션에서 만났던 한 분은 아버지의 외도와 가정 폭력으로 인해 상처가 있었습니다. 이분이 여섯 살이었을 때, 엄마를 따라 아빠 친구들의 모임에 갔었는데, 그곳에서 엄마와 아빠가 부부싸움을 하다가 아버지가 어머니한테 주먹만한 돌을 던졌다고 합니다. 다행히 엄마는 돌을 맞지 않았지만 그 장면이 지금도 무서운 기억으로 남아있었습니다.

아버지는 가정보다는 바깥일에 더 바빴고, 여자관계도 복잡해 어머니가 항상 마음고생을 했다는 것입니다. 아버지는 밖에서 안 좋은 일이 있으면 집에 와서 주워 담을 수 없는 폭언과 폭행으로 엄마를 괴롭혔고, 외도도 끊이지 않았습니다. 어머니는 견디다 못해 자살을 시도했는데, 그분은 이 모든 과정을 스스로 아무것도 할 수 없는 어린 나이에 겪어야 했습니다. 상처가 아물래야 아물 수 없는 환경이었던 것이지요.

문제는 그분이 그토록 싫어했던 아버지의 폭언들이 자신에게도 나타난다는 점이었습니다. 유년기의 상처가 자꾸만 '공격적인 행동'으로 표출되는 것입니다. 그분은 자신에게 있는 어린 시절의 상처와 미성숙한 성품들이 자녀에게 그대로 흘러가고 있는 것 같아 너무 두렵다고 했습니다. 자신의 상처가 하루 빨리 치유되어, 아들에게 미안하다고 용서를 빌고 싶고, 아버지도 용서할 수 있으면 좋겠다며 성품 이노베이션을 찾아왔던 것입니다.

어린 시절의 상처로 인해 어려움을 겪는 분들이 생각보다 많습니다. 어렸을 때 받아야 할 보살핌과 사랑을 받지 못한 아이의 모습이 내면에서 울고 있는 것입니다. 울고 있는 '과거의 나'는, 방치하지 말고 수면 위로 끌어올려 반드시 회복해야 하는 대상입니다.

상처는 뇌에도 새겨진다

감정적으로 상처를 준 사건들은 뇌에도 상처를 남깁니다. 우리가 일상생활에서 경험하는 것들은 뇌의 편도체(amygdala)와 대뇌피질(cortex)이 상호작용하면서 기억되는데, 편도체는 인간이 보고 들은 것에 감정적인 색채를 입혀주는 기능을 합니다.

우리는 편도체 덕분에 위험을 피할 수 있습니다. 뾰족한 물체에 손을 가져갔다가 깜짝 놀랐다면, 다음엔 위험을 피할 수 있도록 편도체가 그 기억을 평범한 경험과 다르게 저장하는 역할을 담당합니다.

하지만 편도체가 있기 때문에 우리는 상처 받은 경험을 더 잘 기억하게 됩니다. 상처 받았던 경험과 유사한 상황이 벌어지면, 편도체가 빠르고 강력하게 과거의 상처를 기억나게 합니다.

어릴 때 학대를 비롯한 부정적인 경험에 지속적으로 노출된 사람들은 편도체가 과하게 작동하거나, 혹은 오작동합니다. 사소한 자극에도 민감해지고, 분노, 공포, 두려움 등을 쉽게 표출하는 이유입니다.

반면 애착 관계를 잘 형성한 아이들은 변연계와 전전두엽이 잘 발달할 수 있는 좋은 자극들을 제공받아 왔기 때문에, 감정을 담당하는 변연계와 사고 기능, 감정 조절을 담당하는 전전두엽이 제대로 발달합니다. 생각과 감정을 잘 조절할 수 있는 좋은 성품이 형성되는 것입니다.

과거의 상처를 기억하고 있는 편도체의 역할을 중재하는 것이 전전두엽입니다. 나의 상처를 객관적으로 인식하고 표현할 때, 전전두엽이 활성화되어 안정감을 느낍니다.

성품치유는 전전두엽을 활성화시켜 상처를 치유하는 방법입니다. 상처를 마주할 수 있도록 도울 뿐만 아니라, 상처가 남긴 부정적인 생각·감정·행동을 더 좋은 생각·감정·행동으로 바꾸는 단계적 치유를 통해 상처 극복을 돕습니다.

상처를 상처로 해석하지 않기

"상처는 원래 없는 것이다?"

지금까지 얘기해온 것과 다르게 파격적인 주장이지요. 이 이야기는 심리학자 알프레드 아들러(Alfred Adler)가 한 말입니다. 그는 '어린 시절에 입은 상처 때문에 현재 이런 모습을 가지게 되었다'라는 논리에 대해 '자신을 보호하기 위해 상처를 핑계로 삼은 것'이라고 말합니다. 과거의 상처는 상처일 뿐인데, 우리가 그것을 '나를 힘들게 하는 사건, 상처'로 받아들이기로 작정했기 때문에 상처가 된 것이라고 설명합니다.

아들러의 이론이 모두 옳다고 말할 수는 없습니다. 그러나 상처에서 해방되려면, 상처를 상처라고 해석하지 않는 용기가 필요합니다. 삶의 태도와 생각, 감정의 패턴 등이 유전적 특징과, 양육 환경의 영향을 받는 것은 맞지만, 그것이 현재의 행복을 좌우하는 원인으로 판단하지 않는 용기가 필요합니다.

'상처 때문에', '어린 시절의 그 사건 때문에'라는 생각에서 벗어나, 성장 과정에서 무엇이 잘못되었는지 정확히 인지하고, 그 오류에서 자유로워지려는 노력을 해야 합니다. 과거의 경험이 나쁜 경험이었더라도 그것을 긍정적인 태도의 성품으로 재해석하여 자신을 다독여 주고, 상처를 더 좋은 성품으로 변화시킬 수 있는 용기가 필요합니다. 긍정적인 태도란, 어떠한 상황에서도 가장 희망적인 생각, 말, 행동을 선택하는 마음가짐(좋은나무성품학교 정의)입니다.

잘못된 생각, 감정에서 벗어나기

"나는 사랑 받을만한 존재가 아니야", "나는 늘 실수하잖아. 이번에도 그러겠지" 이런 부정적이고 왜곡된 생각과 감정에서 벗어나야 상처를 극복하고 더 좋은 성품을 소유할 수 있습니다. 과거의 기억에서 형성된 나의 왜곡된 생각과 감정을 바꿔야만, 상처가 진짜 상처가 아닌 게 됩니다.

인지행동 이론에서는 어떤 사람이 상처를 겪고 있다고 느끼는 것은, 그 사람이 사건을 비합리적인 사고방법으로 해석하기 때문이라고 말합니다. 인지행동의 대표 학자인 알버트 엘리스(Albert Ellis)는 '과거의 어떤 일 때문에 나는 지금 불행하며 앞으로도 불행할 것 같다'와 같은 부정적인 생각을 객관적으로 반박함으로써, 긍정적인 생각과 감정으로 바꿀 수 있다고 이야기합니다.

실제로 성품치유를 하다보면, 왜곡되거나 부정적인 생각·감정에 사로잡혀 더 좋은 생각, 감정, 행동을 떠올리기 어려워하는 분들을 만나곤 합니다.

한 분은 5남매 중 막내로 자랐는데 형편이 어려워 부모님은 모두 일을 나가시고, 형제자매는 각자 알아서 자라야 했다고 합니다. 부모님은 자기 일은 자기가 잘 해야 한다며 실수를 절대 용납하지 하지 않았고, 완벽하게 일을 처리하더라도 그것은 당연한 것이라며 칭찬하지 않앉지요.

이러한 환경에서 자라다보니 그분은 '다른 사람과의 관계 속에서 실수하거나 어리석은 모습을 보여서는 안 된다. 실수하는 것은 다른 사람에게 피해를 주는 일이다'라는 왜곡되고 부정적인 사고가 형성된 상황이었습니다. 자기 자신뿐만 아니라, 자녀의 실수까지 인정하기 어려운 지경까지 간 상황이었습니다.

저는 그분에게 왜곡되고 부정적인 생각과 감정을 객관적으로 인식하고, 더 좋은 생각과 감정으로 바꿔야 한다고 권면했습니다. 거기서부터 상처가 치유된다고 말이지요. 왜곡되고 부정적인 생각과 감정은 우리가 알지 못하는 사이에 우리를 조금씩 파괴하기 시작합니다.

더 좋은 생각·감정·행동을 선택하여 상처 치유하기

지금까지 살펴본 것처럼 과거의 상처는 우리의 생각, 감정, 행동에 유의미한 흔적을 남긴다는 사실을 부정할 수는 없습니다. 그러나 더 좋은 생각·감정·행동을 선택함으로써 상처가 주는 흔적을 지우고, 좋은 성품으로 변화될 수 있다는 믿음을 얻을 수 있습니다.

상처를 치유하고 더 좋은 성품으로 나아가려면, 더 좋은 생각·감정·

행동을 선택하는 것이 필요합니다. 난 아무것도 할 수 없다고 생각하는 무기력한 나 자신을 날마다 바라보고만 있으면 아무것도 변하지 않고 더 우울해질 뿐입니다. 나는 이것도 선택할 수 없고, 저것도 선택할 수 없다고 좌절하지 말고 내가 지금 선택할 수 있는 어떤 것을 하는 것이 좋습니다.

하지만 나는 이미 상처를 받아 아픈 상황인데, 어떻게 더 좋은 생각, 더 좋은 감정, 더 좋은 행동을 떠올릴 수 있을까요? 상처는 나의 잘못에서 비롯된 것이 아니기 때문입니다. 상처는 내가 통제할 수 있으면 상처가 되지 않습니다. 상처는 내가 무기력하거나, 상황을 마음대로 통제할 수 없는 상황일 때 옵니다. 그래서 어린 시절에 받은 상처가 특히 많은 것입니다.

과거의 상처는 내가 통제할 수 없는 일이었습니다. '내가 잘못해서 그런 일을 겪은 거야', '나는 그런 일을 겪을 수밖에 없는 팔자였나보다'라는 부정적인 생각에 사로잡히지 않아도 됩니다.

우리는 성품치유를 통해 "나에게 상처를 준 사건은 내가 통제할 수 없는 상황에서 벌어진 일이었어. 나는 잘못한 게 없어. 상처를 받았지만 지금은 나와 비슷한 일을 겪은 사람을 안아줄 수 있어"라고 긍정적인 생각과 행동을 선택할 수 있게 됩니다.

성품치유란, "나의 성품 형성에 부정적인 영향을 주었던 과거의 상처를 마주하는 치유의 과정이자, 상처로 인한 부정적인 생각·감정·행동을 좋은 생각·감정·행동으로 바꾸는 훈련(이영숙, 2005)"입니다.

성품치유의 첫 관문

우리가 어린 시절의 상처와 화해하기 위해서는 반드시 넘어야 하는 관문이 있습니다. 바로, 나를 안정적으로 받쳐주고, 안아주는 '안전기지'와 같은 사람 혹은 공동체를 찾는 것입니다. 애착이론은 주 양육자와의 신뢰관계가 깨지면 심리적, 행동적 발달이 원활하지 않고, 좋은 성품 형성에도 영향을 준다고 설명합니다. 부모-자녀 관계에서 비롯된 상처는 부모와의 관계를 개선하는 방법이 가장 바람직하고 빠른 해결법인 것이지요.

그러나 부모의 협력을 얻을 수 없는 경우가 있으며, 얻을 수 있다고 해도 지금 무슨 일이 일어나고 있는지, 관계를 잘 개선하고 있는지 설명해 줄 제3자의 관여가 필요합니다. 제3자는 상처를 치유하려는 사람의 마음을 지속적으로 공감해 주는 심리적 안전기지가 되어 주는 것이지요.

우리 주변의 안전기지는 나를 오랫동안 지지해 주는 친구들이나, 교회 공동체, 비슷한 어려움을 겪는 사람들이 함께하는 '성품 이노베이션'과 같은 성품치유 현장이 될 수 있습니다. 안전기지가 있을 때, 나의 진짜 상처를 들여다 볼 수 있습니다.

상처를 발견하는 4가지 질문

내 안의 상처를 꺼내보기란 여간 쉬운 일이 아닙니다. 너무 많은 상처가 있는 사람들은 자신의 상처를 부인하기도 합니다. 나는 비교적 행복하게 잘 살았다고 말합니다. 그렇지만 마음에는 여전히 어려움이 남아있지요. 상처받은 내면 아이는 자신의 슬픔을 어찌할 방법을 모르기 때문에 상처를 덮어두고, 잔뜩 움츠려 있는 경우가 많습니다.

'상처를 발견하는 4가지 질문'은 상처 치유가 막막한 분들이 어렵지 않게 자신의 과거를 돌아볼 수 있게 도와줍니다. 질문을 하나, 하나 따라가면서 천천히 자신의 과거와 관계를 되돌아보는 것을 권합니다. 질문에 대한 답변이 정리된 후에는 성품 이노베이션에서 그룹 별로 이야기를 나누거나, 주요 상담자와 개별적으로 이야기를 나눕니다. 그 과정을 통해 미처 생각하지 못한 상처를 더 알아나갈 수 있습니다.

상처를 발견하는 4가지 질문

첫째, 지금까지 살면서 가장 나를 아프게 했던 사람이나 사건은 무엇인가요? 그리고 그것을 생각하면 어떤 감정이 느껴지나요?

둘째, 당신의 어머니로부터 듣고 싶은 말은 무엇인가요?

셋째, 당신의 아버지로부터 듣고 싶은 말은 무엇인가요?

넷째, 배우자로부터 꼭 듣고 싶은 말은 무엇인가요?

첫째, 지금까지 살면서 가장 나를 아프게 했던 사람이나 사건은 무엇인가요? 그리고 그것을 생각하면 어떤 감정이 느껴지나요?

가족에 대한 기억뿐만 아니라, 학교생활, 직장생활 중에 경험했던 다양한 장면들을 차분하게 생각해 보세요.

둘째, 당신의 어머니로부터 듣고 싶은 말은 무엇인가요?

이 질문은 자신이 어머니를 어떻게 인식하고 있는지 돌아보게 합니다. 일반적으로 우리 사회가 말하는 어머니상은 언제나 기댈 수 있는 따뜻한 품속이 연상되는 존재이지요. 자녀의 정서를 충족시켜주는 가장 중요한 사람입니다.

그러나 어머니와의 애착 관계가 잘 형성되지 않았거나 충분한 관심을 받지 못하면 성장한 뒤에도 모성애에 대한 갈망을 느끼고, 그 갈망을 친밀한 사람이나 배우자를 통해 충족시키려는 경향이 있습니다. 어머니로부터 상처 입은 부모들은 어머니의 잘못된 양육 방식을 답습하지 않으려 노력하지만, 나도 모르게 같은 방식으로 아이에게 대하고 있다며 좌절감을 느끼는 경우가 꽤 많습니다.

셋째, 당신의 아버지로부터 듣고 싶은 말은 무엇인가요?

이 질문은 내가 아버지를 어떻게 생각하는지 깨닫게 합니다. 우리가 일반적으로 생각하는 바람직한 아버지 상은 자녀가 인생을 담대하게 살아갈 수 있도록 도전 정신을 불어 넣는 동시에, 꿈을 이룰 수 있도록 지원해 주는 사람입니다.

그러나 아버지가 독단적이며, 비일관적인 양육태도를 보였을 경우, 자녀들은 크고 작은 상처를 입게 됩니다. 아버지로 인한 상처를 지닌 자녀들은 아버지 하나님으로 불리는 하나님을 믿기 어려울 뿐만 아니라, 자기 자신조차 제대로 신뢰하지 못하는 경우가 많습니다. 특히 아버지의 부재를 경험했다면 누군가로부터 버림받을 수 있다는 두려움을 자주 경험하기도 합니다.

넷째, 배우자로부터 꼭 듣고 싶은 말은 무엇인가요?

배우자에게 느꼈던 결핍과 상처를 생각나게 하는 질문입니다. 배우자는 그 어떤 관계보다도 친밀하고, 상대방을 사랑으로 지탱해 주어야 하는 관계이지요. 그러나 안타깝게도 '나에게 가장 상처 주는 사람은 누구인가'에 대한 설문조사에서 '배우자'라는 응답이 가장 많았습니다. "당신이 그렇지 뭐", "하는 게 뭐 있냐", "그것밖에 안 되냐" 같이 인격이나 능력을 무시하는 언어폭력에서 시작해, 심한 경우 외도, 육체적 폭력, 생계방임 같은 큰 문제들이 상대방에게 큰 상처를 주는 것입니다.

배우자로 인한 상처는 오래되지 않거나 최근의 일일 수 있지만, 방치할수록 내 생각, 감정, 행동을 지배하는 깊은 상처로 자리 잡습니다. 최대한 빨리 상처를 직면하고, 가족과 주변의 도움을 받아 상처와 문제를 해결하려는 노력이 필요합니다.

세 질문에 각각 어머니, 아버지, 배우자가 등장하는 이유는 가장 가까운 사람에게 받는 상처가 가장 크기 때문입니다. 가족에게 받은 상처는 다른 상처보다 더 깊게 패이고, 용서하기도 힘듭니다. 남이라면 영원히 보지 않고 살면 되지만, 가족은 계속 봐야하고, 행여 안 보고 산다 해도 내면에 쌓여 있는 상처의 기억이 문득문득 튀어나와, 끊임없이 우리를 괴롭게 합니다. 관계를 단절한다고 해서 상처가 해결되는 게 아닌 겁니다.

가정 안에서 발생하는 상처가 치유되어야 하는 또 다른 이유는, 나의 상처가 자녀에게 대물림되기 때문입니다. 내가 움켜쥐고 있던 분노, 슬픔이 내 자녀 앞에서 갑자기 터질 수 있습니다. 치유되지 않은 상처는 2차, 3차의 문제를 발생시키는 것입니다.

언젠가는 상처를 마주봐야 하고, 그 상처를 치유해야만 합니다. 상처를 치유하여 좋은 성품을 회복하는 것은 우리의 내면에 자유를 선물하는 일이자, 소중한 가족에게 상처를 대물림하지 않는 일입니다.

상처를 치유하는 7단계

과거의 상처를 발견했다면, 상처를 치유하는 단계를 밟아가야 합니다. 어린 시절의 상처를 치유하는 7단계의 과정을 소개합니다. 존 브래드쇼의 단계를 기반으로, 성품치유 과정을 거치는 분들이 더 쉽게 상처를 치유할 수 있도록 보완하였습니다. 혼자서 7단계의 과정을 온전히 거치는 것은 어려움이 있기 때문에, 성품 이노베이션의 숙련된 강사와 비슷한 어려움을 겪고 있는 분들의 지지와 도움이 필요합니다.

첫째, 나의 상처를 직면하세요.

어렸을 때 부모로부터 버림받았던 느낌, 적절하게 도움 받지 못하고 양육 받지 못했던 쓴 뿌리가 내 안에 있다면 그 상처를 직면하고, 슬퍼하십시오. 슬픔은 '치유 감정(healing feeling)'입니다. 슬퍼하는 것을 허락받으면 자연스럽게 치유가 됩니다.

상처 받은 내면 아이는 모든 감정이 수치심과 중독으로 묶여 있습니다. 그래서 '대인관계'에 단절이 일어납니다. 그러므로 자신의 상처를 직시하고 슬퍼하는 과정을 통해, 최초의 양육자를 신뢰할 수 있는 믿음을 가져야 합니다. 슬픔을 허용하십시오.

만약 당신이 갑자기 화가 나서 아이를 혼낸다면 그것은 아이가 잘못해서가 아니라 상처 때문일 수 있습니다. 과거의 상처가 쓴 뿌리가 되어서 아이에게로 터져 나오는 것을 볼 수 있습니다. 부모로서 내 안의 상처를 직시하고 그것을 슬퍼하는 것은 무척 중요합니다.

둘째, 내면아이와의 관계를 회복하세요.

내가 이렇게 아팠다고 얘기하는 것부터가 치유의 시작입니다. 상처를 내 안에 숨겨둔 채 내놓지 않으면 쓴 뿌리로 커 갑니다. 상처받은 내면 아이는 더 이상 버림받지 않고, 무시당하지 않고, 학대받지 않고, 자신의 고통을 들어줄 믿음직한 사람이 있다는 것을 믿어야 숨어 있지 않고 나올 수 있습니다. 비난하지 않는 자기편이 있다고 안심해야 단절된 대인 관계가 회복됩니다. 우리 자신이 스스로 내면 아이에게 최초의 애착대상이 될 수 있습니다. 그러므로 더 이상 자기 자신을 비난하지 마십시오.

오래 전 싱가포르에 강의를 갔을 때 만난 7세 남자아이는 아무와도 친밀한 관계를 나누지 못하고 공격적, 폭력적인 행동을 일삼았습니다. 통제 불능일 정도로 말입니다. 자신을 거부한 부모에 대한 분노가 그 원인이었습니다. 마침내 부모가 아이에게 용서를 빌면서 대인관계의 다리가 놓였습니다. 그 후 그 아이는 원만한 사회성을 갖고 공부도 잘하는 초등 2학년이 되어 저를 찾아왔습니다. 그 아이는 놀랍게도 너무나 평안한 모습의 멋진 아이로 변해 있었습니다.

셋째, 상처를 있는 그대로 바라보세요.

부모에게 많은 학대를 받은 아이일수록 부모를 더 이상화합니다. 이것을 '환상적인 유대(the fantasy bond)'라고 하는데, 상처받은 아이가 스스로 살아남는 방법을 터득한 결과입니다. 학대 받은 아이는 부모를 이상화하기 위해, 학대에 대한 책임이 자신에게 있다고 믿어버립니다.

"그런 적 없어. 엄마가 나를 때렸던 것은, 아빠가 내 이상한 곳을 만졌던 것은 내가 짧은 치마를 입었기 때문이야. 다 내 잘못이야. 내가 엄마 말을 듣지 않았기 때문이야."

이렇게 상처에 눌린 사람들은 자기를 부정하고 부모를 이상형으로 만들어 거기에 나를 맞춥니다. 하지만 그럴 필요가 조금도 없습니다. 오히려 "아빠가 나를 그렇게 한 것은 아빠가 잘못했던 거야"라고 인지해야 합니다. "그때 나를 그렇게 다뤘던 것은 너무 심했던 거야. 그렇게 하지 않아도 됐어" 하는 인지가 필요합니다.

넷째, 억눌러 왔던 감정을 표현하세요.

학대하는 부모는 자녀의 참모습을 찾지 못하게 함으로써, 정신적인 상처와 충격을 받게 합니다. 분노를 표현했을 때 "앞으로 절대로 내 앞에서 소리 지르지 마라", "절대로 울지 마라"는 말을 부모에게 듣게 되면, 그 자녀는 자신을 표현함으로써 자신의 모습을 찾는 것은 옳은 일이 아니라고 배우게 됩니다.

혹여 누군가가 나에게 했던 일이 고의로 한 것이 아니어도 상처를 받을 만한 일이었다면, 당연히 화가 날 수 있습니다. 분노를 표현하는 것은 상처받은 내면 아이를 치유하는 길입니다.

제가 상담한 어느 30대 여성은 이혼하겠다는 말을 늘 달고 살아서, 동서들이 걱정되어 그 여성을 데리고 왔습니다. 그 여성은 아주 어렸을 때 아버지가 자신을 학대하고 어머니를 때리는 모습을 보며 분노 속에서 자랐습니다. 하지만 겁나서 대들지는 못했습니다.

결혼을 하고도 남편과의 관계가 원만하지 않았습니다. 남편의 얼굴에서 아버지의 얼굴을 보았던 것입니다. 그래서 저는 아버지에 대한 분노를 표현하라고 했습니다. 그 당시의 아버지가 여기에 있었다면 어떻게 할 것인지 생각하며 베개를 때리라고 했습니다. 한참을 때리더니 이 정도로는 성에 차지 않는다며 종이와 가위를 달라고 해서 주었습니다. 여성은 종이를 갈기갈기 잘라 짓이겨서 날려버렸습니다. 지금 무엇을 했냐고 물으니, 아버지가 이 자리에 있다면 이렇게 해주고 싶다고 극심한 분노를 표현했습니다. 이렇게 자기 안의 상처를 안정된 곳에서 표현하는 것은 매우 중요합니다.

다섯째, 상처를 구체적으로 슬퍼하세요.

누군가 우리를 속였다면 그 기만행위에 대해서 슬퍼해야 합니다. 또한 우리의 잃어버린 꿈과 열망, 충족되지 못한 발달의 욕구들에 대해서도 슬퍼해야 합니다.

제가 만난 어느 어머니는 막내아들이 사춘기 때 이단에 들어갔다가 목을 매고 자살하는 끔찍한 일을 경험했습니다. 그 어머니는 이 사실을 아무에게도 알리지 않고 얼른 화장해버렸습니다. 그 후 슬픔을 표현하지 않은 채 아무 일도 없었던 것처럼 놀러 다니면서 살았지만, 아들이 죽은 4월만 되면 깊은 우울증을 앓으며 자살하고 싶은 충동을 느꼈습니다.

하룻밤 동안 이 어머니의 치유 작업을 하는데, 처음에는 울지도 못하고 아들 이름도 부르지 못했습니다. 제가 이름을 부르고 분노를 표현하고 상처를 슬퍼하라고 했더니 처음에는 아들의 이름을 작게 부르다가 나중에는 소리 높여 대성통곡했습니다. 그러다 급기야는 밤새 바닥을 치면서 "네가 나를 두고 어떻게 그렇게 갈 수가 있니"라면서 애끓는 슬픔을 표현했습니다. 이렇게 한참 슬픔을 표현하고 나서 그 어머니는 우울증을 극복했습니다. 마음의 병이 치유되었습니다. 한참 후에 저를 찾아와서 그 후로 자살하고 싶은 마음이 사라졌다고 고백했습니다.

여섯째, 내 잘못이라 탓하지 마세요.

상처는 내 탓이 아님을 알아야 합니다. 상처받은 내면 아이가 할 수 있었던 일은 아무것도 없었음을 깨달아야 합니다. 그 아픔은 자기에게 일어났던 일이었을 뿐 자기 자신에 관한 것이 아니기 때문입니다.

밤거리에서 성폭행 당한 어느 여성이 있었습니다. 한동안 그녀는 남자를 미워하고 자신을 학대하는 삶을 살았습니다. 한 형제를 불러 남자를 대표하여 용서를 빌게 하고 그 일은 그녀의 잘못이 아니라고 말해 주었습니다. 그 후 그녀는 회복되어 공적인 직장 생활을 잘 할 수 있게 되었습니다.

일곱째, 수치심과 외로움을 극복해야 합니다.

상처 난 내면 아이는 자신이 결함 있고 부족하다고 느끼기 때문에, 새로 만들어진 거짓 자아로 참 자아를 덮어 버리려고 합니다. 그리고 거짓 자아와 자신을 동일시합니다. 결국 혼자 남겨진 참 자아는 고립되어 외로움 속에 있게 됩니다. 외로워하는 진짜 나를 만나는 용기가 필요합니다. 나를 격려하고 사랑으로 키우십시오.

"너는 보배롭고 존귀한 사람이야. 괜찮아. 내가 너와 함께 있어 줄게" 하면서 내 안의 성장하지 못한 어린 자아를 자꾸 위로해 주는 것이 중요합니다.

사실 이런 주제는 간단히 다루고 끝낼 문제는 아닙니다. 각자의 내면에 깊은 상처가 있을 수 있고, 우리가 다 알고 있지 않은 경우도 있습니다. 하나님 아버지께 자기 안에 있는 내면 아이를 가지고 나아가는 것이 반드시 필요합니다. 하나님께서 말씀하시는 그 음성을 들으십시오.

"너는 보배롭고 존귀하단다. 내가 너를 사랑한다. 너를 아무하고도 비교하지 않는단다. 있는 그대로의 모습을 사랑하고 존중한단다"라고 말씀하시는 하나님 아버지께 어린 시절의 아픔을 의탁하면서, 나를 치유해 달라고 기도하시기 바랍니다. 스스로 눈을 감고 입술을 열고 고백하는 시간 속에서 하나님을 만나십시오.

"하나님, 내 안에 있는 상처를 치유해 주세요. 그 동안 내가 기쁘지 못했던 원인을 이제 찾았습니다. 하나님은 나를 만든 분이십니다. 내 자신을 당신께 의탁합니다. 내 부모는 나에게 기쁨을 주지 못했어요. 나에게 많은 상처를 주었습니다. 억울함이 있었습니다. 그래서 나는 참 슬펐고 외롭고 나를 버릴까봐 두려웠습니다. 그러나 '나는 너를 버리지 않을 것이다. 고아와 같이 내버려 두지 않을 것이다'라고 약속하신 하나님 아버지께 이제 나아갑니다. 하나님, 내 상처를 치유해 주세요. 그동안 내 안의 상처 때문에 긍정적인 태도의 성품을 소유하지 못했습니다. 이제 나를 치유하고 회복시켜 주세요."

하나님께 자신을 드리십시오. 입술을 열어 하나님께 나 자신을 드리겠다고 말하십시오. 나와 함께하시는 하나님 아버지께 감사하다고 말하십시오. 그리하여 치유된 나 자신을 긍정적으로 생각하며 우리 자녀들과, 사람들과, 이 세상 앞에 서야 할 것입니다.

좋은 성품으로 거듭나기

과거의 상처를 치유한 뒤에도 우리 안에는 상처에서 비롯된 부정적인 생각·감정·행동이 남아있을 수 있습니다. 우리의 성품은 여전히 미성숙할 수 있습니다. 성숙하지 않은 성품에서 벗어나, 좋은 성품으로 거듭나려면 더 좋은 생각, 더 좋은 감정, 더 좋은 행동을 떠올리고 선택하는 지속적인 성품 훈련이 필요합니다.

성품 이노베이션 참석자 중에 '절대 실수하면 안 된다'라는 부정적이고 왜곡된 생각을 갖고 있던 분이 있었습니다. 그분은 부모의 양육방식에서 비롯된 '모든 일은 알아서 완벽하게 해내야 한다'는 강박관념이 스스로를 병들게 만든다는 것을 확인했습니다.

그래서 내가 얼마나 소중한지 알고 즐거워하는 기쁨의 성품으로 부정적인 생각을 버리는 연습을 했습니다. 결국 꾸준한 연습을 통해 기쁨의 성품을 회복하고, 자신에게 이런 편지도 쓸 수 있었습니다.

"괜찮아, 그럴 수 있어. 실수할 수 있어. 성장하는 과정이니까 괜찮아. 넌 사랑받기 위해 태어난 사람이야. 사랑해. 너의 실수도 용서하고 용납해. 너의 모습 그대로 사랑해. 다시 해보자."

강의를 할 때 그분의 표정은 상처와 부정적인 생각에서 자유로워져, 밝고 생기 있는 모습이었습니다. 성품치유는 우리 마음을 속박했던 생각에서 해방되는 시간이자, 부족한 성품을 더 좋은 성품으로 업그레이드하는 보석 같은 시간입니다.

성품법칙 ❸ 긍정의 법칙

상처에서 비롯된 부정적인 생각·감정·행동을 더 좋은 생각·감정·행동으로 바꾸기 위해서는 '긍정의 법칙'을 꾸준히 연습하고 실천하는 것이 필요합니다.

성품법칙 ❸ 긍정의 법칙
"내게 무슨 유익이 있을까?"
내가 지금 ~한 것만도 속상한데 ~해서 내게 무슨 유익이 있을까?

'긍정의 법칙'은 좋은나무성품학교에서 긍정적인 생각, 감정, 행동을 선택하도록 가르치는 법칙입니다. 내가 그동안 속상해 하고, 부정적으로 인식한 상황을 공란에 넣어 문장을 만들어 보는 것입니다.

아버지에 대한 상처가 있는 분이 있었습니다. 그분의 어머님은 어릴 때부터 많이 아팠지만, 아픈 내색 한 번 하지 않고 어린 딸을 정성껏 사랑하고, 보듬어 주었습니다. 그러나 비극은 생각보다 너무 일찍 찾아왔습니다. 7살 때 어머니가 돌아가신 것입니다. 아버지는 어머니가 돌아가신지 1년 후에 재혼을 했는데, 문제는 부부싸움이 너무 잦았다는 것입니다. 그분은 너무 어릴 때라 골목에 나와 하염없이 우는 것밖에 할 수 있는 것이 없었습니다. 아버지는 미안하다는 말조차 건네지 않았지요. 결국 지금까지도 아버지와의 관계가 소원하다고 했습니다.

하지만 성품 이노베이션을 수강하면서 '아버지가 불쌍하다'는 생각이 들었답니다. 다시 생각해보니 아버지는 사랑을 받으며 자라지 못했고, 사랑했던 부인도 일찍 보내야 했으며, 그 이후로도 따뜻한 챙김을 받지 못한 것입니다. 그렇게 아버지에 대한 부정적인 생각이 하나, 둘 바뀌자 "이렇게 아버지를 미워한들 내게 무슨 유익이 있을까?" 하고 긍정의 법칙까지 적용할 수 있었습니다. 그러자 더 이상 아버지를 미워하지 않고, 서로의 상처를 허심탄회하게 나누고, 오해를 푸는 시간을 갖기로 결정할 수 있었습니다.

긍정의 법칙은 더 좋은 생각과 감정으로 바꾸도록 결단하는 데 도움을 줍니다.

성품법칙❹ 좋은 성품의 법칙

그렇다면 부정적인 생각이 자꾸 떠오를 때는 어떻게 할까요? 부정적이고 왜곡된 생각·감정·행동은 내가 습관처럼 가지고 있었던 것들이기 때문에, 한두 번의 연습만으로는 바꾸기 어렵습니다. 긍정의 3단계를 떠올려, 더 좋은 생각·감정·행동을 선택할 수 있도록 연습하는 것이 필요합니다.

> **성품법칙 ❹ 좋은 성품의 법칙 "긍정의 3단계"**
> - 1단계 : 멈추기! 행동하기 전에 잠깐 모든 걸 다 멈추세요.
> - 2단계 : 생각해 보기! 여러 가지 방법과 행동을 생각해 봅니다.
> - 3단계 : 선택하기! 가장 긍정적인 것을 선택합니다.

어떤 학부모님이 자기만 독박육아를 하는 것 같아 자꾸 분한 느낌이 든다고 고민을 토로한 적이 있습니다. 남편이 정말 바쁘다는 것을 머리로는 이해하기 때문에 많이 배려해주려고 노력하지만, 사실 마음은 여전히 억울하다는 것입니다.

"성품 이노베이션을 하면서 남편이 정말 바쁘고 힘들다는 것을 이해하게 됐는데도 '나 너무 힘들다. 당신 애 아니냐'라는 부정적인 말이 튀어나왔어요. 그래서 또 말다툼을 했어요."

"앞으로 부정적인 생각이 떠오를 때마다 긍정의 3단계를 적용해 보세요. 처음에 잘 안 돼도 계속 해 보세요."

저의 권유로 그녀는 남편이 올 때마다 긍정의 3단계를 주문처럼 외웠답니다. 하소연을 멈추고, 수고했을 남편의 생각과 감정을 물어보고 공감해 주기로 생각한 뒤에, 부드러운 말투로 표현한 것입니다. 그렇게 더 좋은 말과 행동을 선택했더니 놀랍게도 남편이 기분 좋은 목소리로 이렇게 말하더랍니다.

"여보, 당신도 애들 돌보느라 정말 힘들었잖아. 아이들이 자서 놀아 줄 수는 없지만, 내가 아침 식사를 미리 준비하고 잘게. 아이들이 아빠가 해준 밥을 먹으면서 작게나마 아빠 사랑을 느꼈으면 좋겠어."

긍정의 3단계를 실천하는 것, 결코 어렵지 않습니다. 아이들도 긍정의 3단계를 쉽게 떠올립니다. 분당의 좋은나무성품학교에서 자유놀이 시간에 두 아이가 장난감을 가지고 싸움을 했답니다. 선생님이 개입할까 말까를 망설이고 있을 때 갑자기 한 아이가 이렇게 말했습니다.

"잠깐만! 우리 배웠잖아. 긍정적인 태도. 싸우지 말고 멈춰. 그리고 생각해 봐. 어떤 게 가장 좋은 행동인지 선택해."

"맞아. 맞아. 우리 배웠지. 네가 먼저 해. 나는 이거 하다가 너 다음에 할게" 하더랍니다.

놀랍지요? 시인 워즈워스가 말한 대로 어린이는 어른들의 아버지가 맞는 것 같습니다.

긍정적인 태도 연습

긍정적인 태도를 연습하려면 어떻게 하는 것이 좋을까요?

다음을 따라 해 보시기 바랍니다.

1. 나에게 주어진 상황들을 긍정적으로 생각합니다.
2. 다른 사람들에게도 희망적인 말을 해 줍니다.
3. 화가 날 때 3초 동안 잠시 멈추고 생각합니다.
4. 부드럽고 친절한 목소리로 이야기하려고 노력합니다.
5. 힘든 일이 생겼을 때 큰 소리로 소리 내어 웃어 봅니다.

긍정의 태도를 내가 가장 자주 보는 곳에 써 붙여 놓으세요. 의지적으로 나의 생각, 감정, 태도, 표정, 행동을 바꾸는 것도 더 좋은 생각·감정·행동을 선택하는 데 도움이 된답니다.

긍정적인 태도로 상처를 극복한 사람

역사 속에서 빛나는 지도자를 살펴보면, 그들은 모두 긍정적인 태도를 갖고 있는 성품의 사람들이었습니다. 긍정적인 태도는 그 사람의 삶을 성공할 수 있도록 도와주는 유일한 힘이 됩니다.

다음은 좋은나무성품학교에서 아이들에게 가르치는 긍정적인 태도의 성품 위인, 빅터 프랭클(Victor Frankl) 박사의 이야기입니다.

빅터 프랭클 박사는 오스트리아에서 태어난 유태인으로 2차 세계대전 때 유태인 수용소인 아우슈비츠에 갇혔다가 살아남았습니다. 신경정신과 의사였던 그는 1942년에 부모님과 아내, 형제, 친구들과 함께 기차에 실려서 아우슈비츠로 끌려갔습니다. 그곳에 도착하자마자 그들은 뿔뿔이 흩어졌고 결국 가스실, 굶주림, 질병 때문에 모두 죽고 말았습니다. 빅터 프랭클은 책으로 내려고 했던 소중한 원고들을 독일군에게 빼앗기고 언제 죽음의 가스실로 끌려가게 될지 모르는 공포를 겪으며 몹시 절망했습니다. 그때 누군가 빅터 프랭클이 입을 죄수복을 건네주었는데, 그 옷 안에 작은 종이쪽지가 있었습니다.

"진심으로 네 영혼과 힘을 다하여 하나님을 사랑하라."

그는 이 구절을 보는 순간 무슨 일이 닥치더라도 열심히 살아서 하나님이 주신 삶의 목적을 찾아야겠다고 결심했다고 합니다. 그러고는 인간으로서 존엄성을 잃지 않고 살기 위해 노력했습니다.

당시 아우슈비츠에 갇힌 유태인들은 견디기 힘든 중노동을 하면서도 제대로 먹지 못하고, 씻기는커녕 마실 물조차 얻기 어려운 생활을 했습니다. 빅터 프랭클은 하루에 한 컵씩 배급되는 물을 받으면 반만 마시고 나머지로는 세수를 하고 유리조각으로 면도를 했습니다. 턱없이 부족한 물로 세수를 하려니 깨끗하게 되지 않았고 유리에 베이기도 했지만 그는 몸 씻기와 면도를 게을리 하지 않았습니다. 그는 꾸준히 몸을 닦았고, 결코 낙담하거나 절망적인 말을 입에 담지 않았습니다.

다른 유태인들은 가축우리처럼 지저분한 숙소에서 병약해진 몸으로 모든 희망을 잃은 채 마치 동물처럼 살아가고 있었습니다. 하지만 빅터 프랭클은 인간이기를 포기하지 않고 자신을 갈고 닦으며 희망을 다졌습니다. 그 덕분에 그는 다른 죄수들보다 건강하고 깨끗해 보여서 죽음의 가스실로 붙들려 가는 일을 면할 수 있었습니다. 그리고 끝까지 살아남아서 아우슈비츠에서 해방될 수 있었습니다.

빅터 프랭클을 죽음의 수용소에서 살아남게 한 삶의 의미는 무엇이었을까요? 그것은 힘든 환경에서도 인간답게 살아남아 다른 사람들에게 그것을 알려 주어야겠다는 것과 오늘 바라보는 저녁놀을 내일도 볼 수 있게 되는 것이었다고 합니다.

언제 죽을지 모르는 두려운 상황, 인간이 살아갈 수 없는 지독한 환경 속에서도 빅터 프랭클은 긍정적인 마음가짐을 잃지 않는 태도를 선택했고, 결국 승리할 수 있었습니다. 그리고 긍정적인 태도 덕분에 수용소에 갇혀 있던 경험이 '상처'로만 남지 않았습니다. 빅터 프랭클 박사는 수용소에 있던 경험을 바탕으로, '로고테라피(의미치료)'라는 심리치료 이론을 만들어 많은 사람들에게 도움을 주었습니다.

성경은 "모든 지킬 만한 것 중에 더욱 네 마음을 지키라 생명의 근원이 이에서 남이니라"(잠언 4:23) 했습니다. 내가 바꿀 수 없는 모든 것들은 사실 모두가 감사할 것들입니다. 나의 부모님들, 내게 주신 선물입니다. 때로는 그분들을 통하여 고통스런 경험이 있었다고 해도 그 자체가 나를 키우는 재료가 되었음을 인정해야 합니다. 아픔이 있었다면 그것을 통해 나의 성품이 자란 것입니다.

나의 자녀, 나의 배우자, 나의 주변에 있는 모든 사람들, 모든 환경들……, 그것들에 대한 나의 생각, 감정, 행동을 긍정적으로 바꿀수록 나는 상처에서 점점 더 멀어지고 치유됩니다. 내가 긍정적으로 생각하면 모두가 축복입니다.

제가 아주 좋아하는 성경구절 중에 "하나님께서 지으신 모든 것이 선하매 감사함으로 받으면 버릴 것이 없나니"(디모데전서 4:4)라는 말씀이 있습니다. 그렇습니다. 감사함으로 받으면 버릴 것이 없습니다.

상처를 치유하고 더 좋은 성품으로 나아가려면, 더 좋은 생각·감정·행동을 선택하는 것이 필요합니다. 나는 이것도 선택할 수 없고, 저것도 선택할 수 없다고 좌절하지 말고 내가 지금 선택할 수 있는 어떤 것들을 하는 것이 좋습니다.

짧은 묵상 긴 행복

성품으로 나 치유하기

1 상처를 발견하는 4가지 질문을 통해 나의 상처를 되돌아 보세요.

> **상처를 발견하는 4가지 질문**
>
> 1. 지금까지 살면서 가장 나를 아프게 했던 사람이나 사건은 무엇인가요? 그리고 그것을 생각하면 어떤 감정이 느껴지나요?
>
> 2. 당신의 어머니로부터 듣고 싶은 말은 무엇인가요?
>
> 3. 당신의 아버지로부터 듣고 싶은 말은 무엇인가요?
>
> 4. 배우자로부터 꼭 듣고 싶은 말은 무엇인가요?

2 내가 갖고 있는 이 상처에 대해 하나님은 어떤 생각을 갖고 계실까요?
(스바냐 3장 17절, 이사야 43장 4절, 이사야 57장 18, 19절 등)

3 이 상처에 대해 나는 어떤 반응을 보여야 할까요?

4 상처로 인한 나의 부정적인 생각·감정·행동을 어떻게 더 좋은 생각·감정·행동으로 바꿀 수 있을까요?

5 '성품으로 나 치유하기'를 통해 새롭게 깨닫게 된 사실은 무엇인가요?

"나는 왜 배우자와 항상 부딪칠까?"

: 네 번째 여행

성품으로 배우자 사랑하기

가정은
인내학교

인 내
좋은 일이 이루어질 때까지
불평 없이 참고 기다리는 것

_좋은나무성품학교 정의

"모든 겸손과 온유로 하고 오래 참음으로 사랑 가운데서 서로 용납하고 평안의 매는 줄로 성령이 하나 되게 하신 것을 힘써 지키라"(에베소서 4:2-3).

배우자와 함께 만들어가는 가정. 가정에 대해서는 하고 싶은 이야기가 매우 많습니다. 다들 가슴에 묻어 둔 이야기들이 한 아름일 것이며, 가슴 속 응어리도 많을 것입니다. 가정 얘기 하나로 책 한 권은 족히 나오고도 남습니다. 가정의 문제는 매우 중요하기 때문에 이를 깊이 생각해보겠습니다.

우선 가정은 인내가 필요한 학교입니다. 저는 '가정은 인내학교'라는 말로 초두를 열기 원합니다.

인내가 부족하십니까? 좋은나무성품학교에서는 아이들에게 인내를 가르칩니다. 저는 성품교육 책을 쓸 때 인내와 절제에 대한 부분을 다루기가 제일 어려웠습니다. 제 자신에게 가장 어려운 부분이 인내와 절제이기 때문입니다.

그런데 인내와 절제라는 성품이 없으면 가정생활이 아주 고단하고 힘이 듭니다.

"인내를 온전히 이루라 이는 너희로 온전하고 구비하여 조금도 부족함이 없게 하려 함이라"(야고보서 1:4).

이 말씀이 부담스러울 수도 있습니다. 하지만 하나님 아버지께서 인내를 온전히 이루라고 명하신 것은 그분의 선한 목적이 있기 때문입니다. 그 목적이란 우리를 온전하고 부족함이 없게 하려는 것으로, 이 말씀은 하나님 아버지께서 주신 사랑스러운 당부이지 결코 짐이나 부담이나 올무가 아닙니다. 하나님 아버지께서 우리를 사랑하시기 때문에 인내를 요구하신다는 것을 알아야 합니다.

결혼만큼 중요한 것이 없습니다. 가정만큼 중요한 것이 없습니다. 하나님은 가정을 슬프고 괴로운 이 땅에 살면서 엄청난 짐이 되라고 주신 것이 아닙니다. 풍성하고 가장 행복한 천국의 모형으로 우리에게 선물로 주신 것입니다.

그런데 그 가정이 지금 어떻습니까? 우리는 가정을 하나님이 원하시는 모습으로 이루어 가고 있습니까? 하나님 아버지께서는 온전한 가정을 주고 싶어 하십니다. 마치 자녀를 결혼시킬 때 이것만큼은 챙겨야 행복하다는 식으로 말입니다. 제가 가르치던 어떤 제자는 결혼할 때 엄마가 금덩어리를 녹여 주시면서 "이거 갖고 있다가 나중에 급할 때 쓰라"고 하셨답니다.

아버지 하나님께서도 바로 부모의 그 심정으로 우리에게 인내를 온전히 이루라고 말씀하십니다. 사랑하는 자녀들이 이 땅에서 살아갈 때 부족함 없이, 구비하여 갖추어서 누가 보더라도 행복하게 살게 하고 싶으셨던 것입니다.

가정은 인내학교입니다. 인내가 없으면, 우리는 성품을 구비하지 못하여 부족해지고 허술해져서 온전한 존재가 되지 못하기 때문입니다.

그러면 도대체 인내가 무엇일까요? 인내란 '좋은 일이 이루어질 때까지 불평 없이 참고 기다리는 것(좋은나무성품학교 정의)'입니다. 이 정의는 아이들도 쉽게 잘 외웁니다.

인내를 가르치고서 이런 일이 있었습니다. 좋은나무성품학교의 한 여자아이가 치과에 이를 치료하러 갔다가 갑자기 "인내, 인내, 인내"라고 했답니다.

치과 선생님이 "너 지금 뭐하는 거니?" 하고 물었습니다.

"저 인내하는 중이에요."

"너 인내가 뭔지 알아?"

"인내란 좋은 일이 이루어질 때까지 불평 없이 참고 기다리는 거예요."

"너 어느 유치원 다니니?"

"좋은나무성품학교 유치원이요."

그날 치과가 아주 떠들썩했답니다.

인내의 동물 – 나비

하나님이 만드신 동물 중에 인내의 동물이 있습니다. 바로, 봄이 되면 휘황찬란하게 날아다니는 나비입니다. 나비, 참 아름답죠? 그 색깔이 찬란하고 아름답지 않습니까? 그런데 그 찬란한 아름다움을 드러낼 때까지 나비는 말할 수 없는 인내의 과정을 겪어야 합니다. 어떻게 말입니까?

알의 시기를 거치고 나면 애벌레로, 애벌레를 거쳐 번데기로, 번데기를 거쳐 나비가 됩니다. 애벌레가 허물을 벗기까지 참고 인내하는 탈바꿈의 과정을 4번 정도 거쳐야 한다니 참 대단하지 않습니까? 한 번 허물을 벗을 때마다 애벌레는 몸도 커지고, 색도 달라지고, 무늬도 달라집니다. 허물을 다 벗고 난 뒤에는 딱딱한 번데기가 됩니다. 번데기는 아무것도 먹지 않고, 나비가 되기 위해 참고 기다립니다. 그리고 고치를 뚫고 나와, 젖어 있는 몸을 말리고 예쁜 나비가 됩니다.

이러한 인내의 과정을 2달에서 1년까지 겪게 됩니다. 애벌레로 언제 잡혀 먹힐지 모르는 두려움과, 4번이나 허물을 벗으며 성장해야 하는 괴로움과, 고치 속에서 아무것도 먹지 않으며 기다려야 하는 고통을, 나비는 불평하지 않고 참고 기다리면서 노력하는 것입니다. 그 딱딱한 번데기 껍질 속에 온 몸을 가둬 두는 암흑의 시대를 거쳐, 드디어 아름다운 나비로 온 땅을 날아다니며 고운 자태를 사람들에게 드러내는 것입니다. 이는 인내 없이는 이루어질 수 없는 일입니다.

이와 관련하여 재미있는 일화가 있습니다. 고치에서 나오는 나비의 모습을 바라보기가 너무 안타까워서 지켜보던 사람이 가위로 고치를 조금 잘라 나오기 편하게 만들어 주었습니다. 그런데 그 고치에서 나온 나비는 결코 날 수가 없었다고 합니다. 나비는 고통을 참는 인내가 없이는 날지 못합니다. 우리도 인내를 통해 찬란하게 이 땅을 날아갈 수 있는 힘을 공급받습니다.

성품법칙 ❺ 인내의 법칙

> **성품법칙 ❺ 인내의 'S. T. A. R' 법칙**
>
> · **Stop** 잠시 하던 행동을 멈춥니다.
>
> · **Think** 자기가 하려던 행동이나 방법에 대해 생각할 시간을 가집니다.
>
> · **Action Right** 올바르게 행동합니다.

인내를 잘 배울 수 있는 인내의 법칙 'S. T. A. R'가 있습니다.

이것은 일명 별 따는 법칙입니다. 요즘 아이들은 스타를 좋아합니다. 유치원 졸업하면서 뭐가 되고 싶으냐고 물으면 다들 스타가 되고 싶답니다. 옛날에는 대통령 된다고 하거나 검사, 의사 된다고 하는 애들이 많았는데, 요즘은 그런 애들이 점점 줄어듭니다. 공부하기 어려운 줄 아는지 다 연예인 되겠답니다. 개그맨 되겠다고 하는 아이들도 많습니다.

많은 아이들이 스타가 되기를 원하는데, 그 스타보다 더 멋진, 참된 스타가 되는 길이 있습니다. 바로 스타 법칙을 따라 사는 사람입니다.

잠시 하던 행동을 멈추고 내가 하려던 행동이 반짝반짝 빛나는지, 가장 좋은 행동인지 곰곰이 생각해 봅니다. 그런 후에 올바르게 선택해서 행동하는 것입니다. 이것이 우리와 자녀들을 진정한 스타가 되게 합니다.

인내의 태도 연습

인내의 성품을 이루기 위해서는 삶 속에서 인내의 태도를 다음과 같이 연습해야 합니다.

첫째, 내 마음대로 안 된다고 불평하지 않습니다.

불평하면서 인내가 되겠습니까? 그런데도 불평하면서 인내하는 사람이 있습니다. '내가 언제까지 이 짓을 해야 해. 언제까지, 언제까지'하는 것은 인내가 아닙니다. 이것은 온전하라고 명령하신 하나님의 뜻이 아닙니다. 인내하기로 작정했다면 불평 없이 해야 합니다. 불평 없이 하는 것이 진짜 인내입니다.

둘째, 내 차례를 기다릴 줄 압니다.

셋째, 내가 해야 할 일은 이루어 낼 때까지 노력합니다.

끝까지 노력하는 것, 포기하지 않는 것입니다.

넷째, 하고 싶은 일보다 해야 할 일을 먼저 합니다.

이것은 저희 집안의 좌우명 1호입니다. 하고 싶은 일보다 해야 할 일을 먼저 하는 것, 그것이 아이들에게 인내를 가르치는 길입니다.

다섯째, 어려운 상황을 바꿀 수 없다면, 그대로 받아들이고 평안한 마음을 유지합니다.

여섯째, 포기하지 않고 끝까지 기다립니다.

일곱째, 별을 따는 인내의 법칙, 'S. T. A. R'를 기억하고 활용합니다.

이것이 인내를 기르는 태도 연습입니다. 이렇게만 하면 온 세상이 참으로 좋아지지 않겠습니까? 인내하면 훌륭한 사람이 될 수 있고 꿈을 이룰 수 있게 됩니다. 더 행복해집니다. 기분이 좋아집니다. 오래 기다릴 수 있습니다.

하나님 아버지는 우리가 가정을 인내의 성품으로 사랑하기를 원하십니다. 인내 없이는 가정을 아름답게 가꾸지 못하기 때문입니다. 알을 깨고 나오는 인내의 수고가 필요합니다.

애벌레가 오물오물 기어 다닐 때는 얼마나 답답합니까? 아무리 노력해도 안 되는 것이 있다는 것을 깨닫는 시간입니다. "아이고 내 팔자야"하면서 고달파 하는 시간입니다. 게다가 그 시간을 통과한 후에는 나를 점점 조여 오면서 숨 막히게 하는 누에고치의 시간이 기다리고 있습니다.

우리 가정에도 이런 시간들이 필요합니다. 나중에 훨훨 나는 그날이 있음을 알기에 우리는 사방에서 압박해 오는 고통도 인내할 수 있는 것입니다. 누에고치의 시기는 오직 하나님만이 우리 가정의 해답이심을 깨닫게 하는 은혜의 시간들입니다. 목적 있는 시간들입니다. 그것을 알기에 인내할 수 있는 것입니다.

지금 현재 어느 시기의 가정에 살고 있습니까? 이제 막 알을 깨고 나오는 그 수고의 시간 중에 있습니까? 혹은 애벌레의 시간입니까? 해도 해도 끝없이 할 일만 많고, 아무리 고쳐 보려고 해도 안 되어 그럴 때마다 좌절하고 포기하고 싶습니까? 아니면, 누에고치의 시간입니까? 혹시 해답이 어디 있는지 몰라 가슴 졸이고 안타까워 마음 아파 견디지 못하고 있습니까?

이 시기의 가정들에게 하나님 아버지께서는 시편 121편 1-2절 말씀으로 위로하고 계십니다.

"내가 산을 향하여 눈을 들리라 나의 도움이 어디서 올까 나의 도움은 천지를 지으신 여호와에게서로다"

우리 도움은 여호와께 있습니다. 가정을 유지하는 길은 보통 인내가 필요한 일이 아닙니다. 그런데 성경은 그 가정을 세우시는 분이 우리가 아니라 여호와 하나님이라고 말씀하십니다. 그것이 진리입니다. 내 남편이 혹은 내가 가정을 세우는 줄 알고 계속 상대방에게 초점을 맞출 때 가정은 세워지지 않습니다. 나의 도움이 여호와임을 인정하고 그대로 나의 누에고치 안에서 답답함을 부둥켜안고 있으면, 언젠가 인내의 기간이 다 찬 후에 그 누에고치에서 나비가 된 아름다운 가정이 찬란하게 날아오른다는 사실이 오늘 위로가 되지 않습니까? 새로운 세계가 열리기를 소망하며 지금 어려워도 낙심치 말고 조금만 참읍시다.

우리는 끝이 있는 싸움을 하고 있는 것입니다. 가정이라는 인내학교는 끝이 있습니다. 졸업을 할 것입니다. 하나님께서 졸업장을 꼭 주실 것입니다.

책임감으로 배우자 사랑하기

책 임 감

내가 해야 할 일이 무엇인지 알고
끝까지 맡아서 잘 수행하는 태도

_좋은나무성품학교 정의

　사탄은 가정을 공격합니다. 여성들에게 가정을 뛰쳐나와서 자기 위치를 찾으라고 속삭입니다. 그러나 우리가 무슨 일을 하든, 하나님께서 허락하신 가정이라는 우선순위는 무엇과도 바꿀 수가 없는 귀중한 것입니다. 언젠가 하나님 앞에 섰을 때 우리는 뭔가 특별한 것이 아닌, 하나님께서 주신 가정을 인내와 배려로 온전하게 보존하고 보호했으며, 가정을 통해서 많은 사람들에게 행복을 나눠 주고 살다가 온 것으로 칭찬받게 될 것입니다. 그때 하나님께서는 우리에게 "착하고 충성된 종아 네가 작은 일에 충성하였으니 내가 많은 것들을 맡긴다"며 복을 주시고 면류관을 씌워 주실 것입니다.

책임감으로 결혼 새로 보기

하나 되게 하심을 힘써 지키려는 책임감이 필요한 곳이 바로 가정입니다. 책임감은 배우자 각자가 자신이 해야 할 일이 무엇인지 먼저 아는 것입니다. 책임감은 끝까지 자기 할 일을 잘 완수하는 것입니다. 다시 말해, 책임감이란 '내가 해야 할 일이 무엇인지 알고 끝까지 맡아서 잘 수행하는 태도(좋은나무성품학교 정의)'를 말합니다.

책임감의 출발점은 내가 해야 할 일이 무엇인지 아는 것입니다. 아내로서, 남편으로서, 자녀로서, 부모로서 내가 무엇을 해야 하는지 아는 것으로부터 책임감은 시작됩니다.

가정에서 우리는 서로의 심리적, 육체적 필요를 채워 줄 수 있어야 합니다. 구체적으로 말하자면, 남편은 아내를 어떻게 사랑해야 하는지 지식적으로 먼저 알아야 합니다. 그래야 남편으로서의 책임을 다할 수 있는 것입니다. 아내도 마찬가지입니다. 아내로서 곧, 한 남자의 여자로서 무엇을 먼저 해야 하는지 지식적으로 알아야 합니다. 남자와 여자는 심리적으로, 육체적으로 다릅니다. 다름을 인정하지 못하고 자신의 생각대로 살 때 '하나 됨'의 평안함이 깨집니다.

먼저 서로의 다른 점을 알아야 합니다. 남녀는 다른 행성에서 온 외

계인만큼이나 다릅니다. 그 중 가장 큰 차이는 남자는 시각적 욕구가 강하며 여자는 청각적 욕구가 강하다는 사실입니다. 아내가 남편의 욕구를 채워주기 위해서는 평생 노력해야 합니다. 결혼하기 전에는 가장 예쁜 모습을 보이기 위해 노력하던 여자가 결혼하고 아이를 낳으면 노골적으로 변해 버리는 경우가 많습니다. 이럴 때일수록 아내는 자기 남편이 시각적 욕구가 강한 평범한 남성임을 잊지 말아야 합니다. 결혼 후에도 육체적인 매력을 잊지 않도록 노력하는 것이 아내로서의 책임감의 시작입니다.

그런데 여성들은 일단 결혼을 하게 되면 아내로서의 책임감보다는 어머니로서의 책임감이 더 강해지는 것이 사실입니다. 남편에게는 관심도 없고 자녀들 공부 가르치기에만 전력투구합니다. 바로 그 점이 남편들이 방황하게 되는 큰 이유가 아닌가 생각해 봅니다.

언젠가 좋은나무성품학교 유치원(현 기독학교) 어머니들에게 숙제를 내준 적이 있습니다. 매주 목요일마다 진행되는 '좋은성품 어머니들의 모임'에서 다음 주 숙제로 '남편 앞에서 발가벗고 자기'라는 야한 과제를 내주었습니다. 엄마들은 비명을 질렀지만 숙제의 결과는 아주 만족할 만 했습니다.

한 어머니의 고백이 자신은 아이를 둘 낳으면서 아이 양육에 온 에

너지를 다 쏟아 부었답니다. 저녁만 되면 녹초가 돼서 아이들 방에서 젖먹이다 잠들거나 책 읽어 주다 잠들어 버리기가 일쑤였답니다. 그런데 숙제를 해야만 하는 그날은 아이들을 일찍 재우려고 노력했고 자신도 목욕을 하고 남편을 기다렸답니다. 저녁에 남편 옆으로 가면서 "여보, 이거 숙제야"했더니, 남편은 너무 행복해 하면서 무슨 그렇게 좋은 유치원이 다 있냐고 굉장히 좋아하더랍니다. 그리고는 유치원에 가서 날마다 그런 숙제만 내주시라고, 꼭 부탁하니 반드시 전해달라고 몇 번이나 말하는 남편을 보면서 '내가 아이를 키운다는 핑계로 남편에게 너무 무심했구나' 하는 생각이 들더라고 고백했습니다.

그렇습니다. 아내의 책임은 남편을 기쁘게 해주는 데 있습니다. 이것이 가정을 지키는 '하나 되는 연습'입니다. 남편들의 책임은 먼저 아내에게 청각적인 만족감을 주는 데 있습니다. 아내에게 '사랑한다'고 날마다 말해 주어야 합니다. 아내가 "당신, 나 사랑해요?" 하고 다소 어리석은 질문을 해도 언제나 남편은 "그럼, 사랑하지. 난 당신만 사랑해" 하고 몇 번이든 반복해서 말해 주어야 여자는 행복해집니다.

"도대체, 당신 몇 번이나 말해 주어야 해? 그냥 좀 느끼면 안 돼?" 이러면 큰일납니다.

여자의 마음이 상하면 남자보다 더 크게 일을 그르칩니다. 남편 여러

분, 날마다 아내의 귀에 만족할 수 있도록 "예쁘다"고 말해 주고 "당신 정말 수고했다"고 격려해 주십시오. 여자는 이해받고 싶어서 말한다는 가장 중요한 사실 하나를 잊지 마시기 바랍니다.

아내가 직장에서 돌아온 남편에게 그날 일어난 일을 실감나게 말하면 "그랬구나", "힘들었겠구나", "속상했겠구나", 이렇게 3번만 말해 주시면 모든 것이 평안해집니다. 가화만사성을 위해 "~구나, ~구나, ~구나" 3번만 해 보십시오. 가정의 평화를 충분히 이룰 수 있을 것입니다. 그러나 "당신, 그래서 결론이 뭐야, 결론이~" 하고 아내의 말을 자르게 되면 거기서부터 가정의 비극이 시작됩니다. 아내는 청각의 만족이 중요하다는 사실을 알아야 합니다. 사실 이런 차이를 알면서도 잘 안 되는 것이 사실입니다. 그러나 성령께서 하나 되게 하신 것을 힘써 지키는 노력이 필요합니다.

요즘 엄마의 위치를 박차고 나가는 사람들이 늘어나고 있고, 아빠의 위치에서 벗어나는 사람들이 많으며, 자녀의 위치에서 도망가려는 사람들도 너무나 많습니다. 이 시대가 직면한 가장 큰 비극과 위기는 다른 데 있는 것이 아니라 가족 구성원들이 자기 역할을 잃어버리고 사는 것, 그리고 자기가 무엇을 해야 할지 모르고 사는 것입니다.

성품법칙 ❻ 책임감의 법칙

성품법칙 ❻ 책임감의 'K. W' 법칙

K: Knowing

W: what I have to do

Knowing what I have to do! 내가 해야 할 일이 무엇인지 아는 것

내가 해야 할 일들이 무엇인지 정확하게 아는 것이 책임감의 시작입니다. 'Knowing what I have to do'를 마음에 늘 새기세요. 무엇이든지 끝까지 하려는 열정보다 내가 '해야 할 일'이 무엇인지 먼저 정확하게 아는 것이 중요합니다.

책임감의 태도 연습

책임감을 기르기 위해서는 평소 생활 가운데 다음과 같은 태도를 유지하도록 노력해야 합니다.

1. 내가 해야 할 일이 무엇인지 알고 최선을 다합니다.
2. 내가 시작한 일은 끝까지 완성합니다.
3. 내가 하겠다고 약속한 것은 반드시 지킵니다.
4. 내가 잘못한 것은 변명하지 않습니다. 변명하는 병은 에덴동산에 있었던 최초의 가정에서부터 시작되었습니다. 우리는 천성적으로 변명을 잘합니다. 가정이 화목해지기 위해서는 서로 내 탓이라고 고백해야 하는데 사람들은 다들 남 탓을 합니다. 무슨 좋은 얘기를 들으면 나에게 필요하다고 생각하기보다는 상대방에게 적용시키느라 바쁩니다.
5. 내가 가지고 있는 장점을 마음껏 계발합니다.
6. 무엇이 옳고 그른지 잘 분별할 수 있습니다.

책임감이 주는 유익

책임감의 성품을 가지면 얻게 되는 유익들이 많습니다. 책임감을 가진 사람은 큰 리더가 되며 신뢰를 얻게 됩니다. 내가 매일 하는 작은 일들은 미래에 더 큰 책임을 맡을 준비가 되는 셈입니다. 현재의 작은 일을 충실히 해내는 습관이 바로 책임감 있는 성품 리더가 되는 밑거름입니다. 사람들은 책임감 있는 이를 신뢰하고 따릅니다.

책임감 있는 사람은 그가 속한 공동체에 기쁨과 행복을 줍니다. 뿐만 아니라 책임감을 지닌 사람은 분별력을 갖게 되어 자신을 보호할 수 있습니다. 우리는 살아가는 동안 위험한 일들과 유혹들에 노출될 때가 많은데, 분별력은 그러한 환경 속에서 어떻게 행동해야 하는지를 알게 하여 결과적으로 우리를 보호합니다.

역기능 가정과 순기능 가정

책임감 문제를 다루다보면 순기능 가정과 역기능 가정을 이야기하게 됩니다. 예전에는 조실부모한 가정을 역기능 가정이라고 생각했는데 요즘은 그렇지 않습니다. 서로 자기 위치를 찾지 못하는 가정이 역기능 가정입니다.

가정은 엄마와 아빠로부터 시작됩니다. 한 여자와 한 남자가 둘이 한 몸을 이루면서부터 가정이 시작되는 것입니다. 한 여자와 한 자녀가 가정을 이루는 것이 아닙니다. 그런데 오늘날 이 시대는 잘못 돼도 한참 잘못 됐습니다. 엄마와 아빠의 위치가 저만큼 떨어져 있고 그 사이에는 수많은 사람들이 끼어들어 있습니다. 이것이 역기능 가정입니다. 이럴 때 하나님이 기대하시는 가정의 모습들이 무너집니다.

요즘 젊은 어머니들은 어떤 말을 하는지 아십니까? 슈퍼마켓에서 우유 살 때 남편에게 줄 우유는 아무거나 집는답니다. 그러나 아이들에게 먹일 우유는 꼼꼼히 이것저것 살펴본답니다. 이거 먹으면 머리가 더 좋아지는지 성분을 비교해 가면서 산다는 것입니다. 엄마에게 남편보다 아이들의 위치가 더 우선시되어 있는 이런 모습이 바로 역기능 가정의 모습입니다. 이렇게 사는 부모들은 아무리 자녀들에게 부모 말 잘 들으라고 해도 절대로 듣지 않습니다. 나중에 순종을 가르쳐도 절대로 하지 않습니다. 엄마 아빠를 우습게 여길 뿐입니다.

이제는 순기능 가정으로 돌아가야 합니다. 엄마의 자리에 엄마가 서 있어야 하고 아빠의 자리에 아빠가 서 있어야 합니다. 엄마 아빠가 열심히 살아가는 모습을 보며 자녀들은 자기 위치를 찾습니다. 그러한 가정에는 자녀 교육이 따로 필요 없습니다. 부부가 서로 화목한 것만큼 더 좋은 자녀 교육은 없습니다. 나를 낳아 준 그 엄마를 사랑하는 아빠의 모습을 보고 자란 아이들은 훌륭한 지도자가 됩니다.

"서로 친절하게 하며 불쌍히 여기며 서로 용서하기를 하나님이 그리스도 안에서 너희를 용서하심과 같이 하라"(에베소서 4:32).

인자하게 대하세요. 이것이 이 시대를 향한 하나님 아버지의 당부라고 생각합니다. 자존심 싸움 때문에 역기능 가정이 되지 않도록 서로 조심하는 것이 필요합니다. 너무 이기려 들지 말고, 서로 인자하게 대하십시오.

　서로 불쌍히 여기세요. 불쌍한 눈으로 보면 바가지 긁을 것도 없어집니다. 집 안에서 바가지 긁지 않아도 내 배우자는 이 시대를 살아가는 데 얼마나 죽을 힘을 쏟듯 전력투구하는지 모릅니다. 그런데 무엇 하러 집안에서 또 힘들게 합니까?

　용서하십시오. 하나님이 우리 죄를 어떻게 용서하셨습니까? 하나밖에 없는 아들을 피 흘리게 하여 용서하신 그런 사랑을 베풀어 주셨기에, 우리가 오늘날 이렇게 버젓이 살고 있는 것 아닙니까? 그 사랑을 생각해 보면 세상에 용서하지 못할 일은 하나도 없습니다. 그런데 우리는 자신이 마치 뭐라도 된 것처럼 살고 있습니다. 배우자의 잘못은 요만한 실수도 용서하지 못하고 다 끄집어내려 들고, 내 스타일에 맞추려 하기 때문에 집안이 화목할 날이 없는 것입니다. 이런 환경에서 자라나는 아이들이 나가서 폭력을 일삼는 것은 어찌 보면 당연한 일입니다. 부모가 서로 공격적인 말을 쓰고 냄비가 왔다 갔다 하는 데서 아이들이 어떻게 아름다운 노래를 부를 수 있겠습니까?

회개해야 합니다. 책임감으로 순기능 가정을 만들어야 합니다. 가정은 결코 포기해서는 안 됩니다. 하나님께서 이 가정을 소중히 여기시기 때문입니다. <펭귄>이란 영화를 보았습니까? 알 하나를 얼어 죽지 않게 하려고 한 번은 아빠 발등 위에다 놓고 또 한 번은 엄마 발등 위에다 옮겨 놓으며 계속 엄마 아빠의 발등 위를 옮겨 다니게 합니다. 이 모습이 바로 책임감입니다. 가정을 지키는 책임감이란 바로 이런 모습을 말합니다. 우리 아이들이 이 세상이라는 풍파에서도 얼어 죽지 않도록, 이리저리 옮겨 사랑으로 녹이면서 엄마 아빠의 역할을 잘 감당해 내는 것이 바로 이 시대를 사는 부모들에게 주어진 책임감입니다.

혹시라도, 가정을 포기하려고 마음 먹었다면 그 마음을 접으십시오. 가정을 깨뜨리는 건 하나님의 뜻이 아닙니다. 가정은 하나님의 가장 중요한 목표입니다. 그 가정을 향한 하나님의 비밀이 큽니다.

우리는 하나님의 합창 단원입니다. 두 사람이 화음을 맞추면 멋있지만 가끔은 한 사람이 솔로를 맡아야 할 때도 있습니다. 상대방이 솔로를 해야 할 때는 박수를 쳐 줄 수 있어야 합니다. 때로는 배우자가 솔로로 부를 수 있도록 자리를 양보해 주는 것도 사랑입니다. 그러면서 서로 화음을 맞춰서 노래를 불러 완성해야 합니다. 내 맘대로 안 된다고 해서 노래를 중단해서는 안 됩니다.

상처가 있을 때 우리는 상대방을 자꾸 지배하려고 듭니다. 상처를 버리십시오. 그러면 있는 그대로의 모습으로 그 사람을 인정하게 됩니다. 그 사람이 내려고 하는 화음을 아무 오해 없이 감사함으로 받아들일 수 있습니다. 그것이 부부가 내는 아름다운 화음이 되어 자녀를 아름답게 성장시킬 수 있습니다.

가정에 대한 책임감을 가슴에 꼭 안고, 어렵지만 훨훨 날아가는 나비가 될 그날을 기다리면서 가정을 세워 나가길 바랍니다. 아무리 사탄이 가정을 무너뜨리려 흔들어 대도, 책임감의 성품을 가지고 가정을 지켜 나가는 귀한 엄마 아빠가 되어야 합니다.

절제로
배우자 사랑하기

절 제

내가 하고 싶은 대로 하지 않고
꼭 해야 할 일을 하는 것

_좋은나무성품학교 정의

"자기의 마음을 제어(절제)하지 아니하는 자는 성읍이 무너지고 성벽이 없는 것과 같으니라."(잠언 25:28).

절제란 '내가 하고 싶은 대로 하지 않고 꼭 해야 할 일을 하는 것(좋은 나무성품학교 정의)'입니다. 우리가 배우자를 더욱 사랑하며 아름다운 가정으로 바로 세우기 위해서는 이 절제의 성품이 반드시 필요합니다. 자기 마음 가는대로, 자기 마음에 좋은 대로 행동하고 다닌다면 가정이 온전하게 세워질 수 없습니다. 그래서 절제의 반대는 방종이 되는 것입니다.

절제에 대해서는 명언도 많습니다. 그만큼 절제라는 성품이 인생에서 중요하고 또 중요하기 때문입니다.

- 자신을 절제하는 힘을 가진 사람이 강한 사람이다. - 루시우스 세네카
- 절제는 최대의 승리다. - 플라톤
- 절제란 단 한 번에 이루어지지 않고 꾸준한 노력에 의해서만 가능하다.
  - 레프 톨스토이
- 나 자신을 극복하는 것이 남에게도 이기는 것이다. - 칼 힐티
- 자기 자신을 절제하는 사람은 그가 즐거움을 찾아낼 수 있는 것만큼 쉽게 슬픔을 이겨낼 수 있다. - 오스카 와일드

절제의 동물 – 연어

연어는 바다에서 계속 생활하다가 알을 낳을 때가 되면, 고향 강물의 냄새를 좇아 자신이 태어났던 강으로 돌아옵니다. 돌아오는 길은 굉장히 멀고 험난합니다. 강에서 바다 쪽으로 흐르는 물살을 거슬러 올라가야 하기 때문입니다. 물이 흐르는 힘은 생각보다 강해서, 물고기가 먼 길을 거꾸로 간다는 건 상상할 수 없이 힘든 일입니다. 연어들이 수고를 무릅쓰고 힘들게 고향으로 돌아오는 이유는 오로지 예쁜 알을 낳기 위해서입니다. 부모가 되는 데 온전히 집중하는 것입니다. 이때는 몇

날 며칠을 먹이도 먹지 않습니다. 훌륭한 짝을 찾은 후 알을 낳는 안전한 장소를 찾아, 천천히 흐르는 강의 바닥에 7백~ 7천 개 정도의 알을 낳고 모래로 덮어 보호합니다.

남아 있는 모든 힘을 쏟아 붓고서 부모로서의 책임을 다하면 연어들은 죽고 맙니다. 연어가 너무 힘들다는 이유로 태어났던 강으로 돌아오는 걸 포기한다면, 우리는 연어라는 물고기를 알지 못했을지도 모릅니다. 하지만 연어는 자기가 하고 싶은 대로 하지 않고 절제하며 부모로서 해야 할 옳은 일을 선택합니다. 그래서 좋은나무성품학교에서는 연어를 절제의 동물로 정했습니다.

성품법칙 ❼ 절제의 법칙

성품법칙 ❼ 절제의 '브레이크' 법칙

내가 _____ 할 때, 끼익~ 내 마음의 브레이크를 밟아요.

브레이크가 없는 자동차를 생각해 보세요. 얼마나 위험한 도구입니까? 브레이크 없는 자동차는 나를 위협하기도 하지만 다른 사람의 생명까지 위험에 빠뜨립니다. 절제가 없는 생활은 바로 이런 위험이 있답니다. 절제해야 할 때, '브레이크 법칙'을 적용해 보세요. 브레이크 법칙은 '내가 _____ 할 때, 끼익~ 내 마음의 브레이크를 밟아요'를 떠올리는 것입니다. 어려운 상황에 있을 때마다 감정을 그대로 표출하지 말고, 끼익~ 내 마음의 브레이크를 밟아보세요.

절제의 태도 연습과 유익

절제 역시 평소 생활 가운데 연습하여 그 태도가 완전히 몸에 배는 것이 필요합니다.

첫째, 내 마음대로 하지 않고 어떻게 해야 할지 생각해 봅니다.

둘째, 화가 나는 순간에 '1-3-10' 공식을 사용합니다.

이것은 화가 나는 순간에 적용하는, 감정을 다스리는 공식입니다. 우선, 하던 일을 멈추고 스스로에게 "절제!"라고 외칩니다. 숨을 크게 3번 내쉽니다. 마음속으로 천천히 1부터 10까지 세어 봅니다.

셋째, 먹고 싶은 대로 먹지 않고 내 몸에 좋은 것만 선택하여 먹습니다. 폭식하거나 편식하지도 않습니다.

넷째, 나쁜 말은 사용하지 않고, 바른 말을 선택해서 말합니다.

다섯째, 나쁜 습관들은 좋은 습관으로 바꾸는 연습을 합니다.

여섯째, 사고 싶은 물건이 있을 때 꼭 필요한 것인지 생각해보고 사며, 모든 물건을 아껴서 사용합니다.

일곱째, 브레이크 법칙을 기억합니다.

절제가 생활화 되면 여러 가지 유익을 누리게 됩니다. 꿈(vision)을 이루게 되며 사람들에게 사랑받습니다. 어떠한 사람이나 환경 앞에서도 당당할 수 있습니다. 몸과 마음이 건강해집니다. 성공하는 삶, 풍요로운 삶을 살게 됩니다.

배우자를 지배하려는 유혹에서 벗어나라

사랑에도 절제가 필요합니다. 사랑도 절제하지 않으면 자칫 집착이나 소유욕으로 변질되기 쉽기 때문입니다. 우리는 사랑하는 배우자를 지배하려는 유혹으로부터 자유로워져야 합니다. C. S. 루이스는 사랑을 하게 되면 상처 입기 쉽다고 했습니다. 때로는 상처 입기가 두려워서 아예 사랑을 시도조차 하지 않으려는 사람들도 있습니다.

그러나 사랑하고 사랑 받는 일은 이 세상 무엇보다 가장 가치 있는 일입니다. 독일의 시인 라이너 마리아 릴케(Rainer Maria Rilke)는 《젊은 시인에게 보내는 편지》에서 사랑은 우리가 최상의 노력을 기울여 성취하는 것이어야 한다고 말하면서 이렇게 강조했습니다.

"인간이 된다는 것은 남을 사랑하는 것입니다. 이것은 우리의 과제 중 가장 어려운 일이며, 궁극적인 것이며, 최후의 시험이며, 다른 일을 가능케 하는 준비입니다."

사랑은 항상 위험을 내포하고 있어서, 누군가를 사랑할 때 상처를 받기 쉽습니다. 상처 입는 것에 대한 두려움은 종종 다른 사람과의 관계를 지배하려 드는 요인으로 작용합니다. 사랑을 갈망하기 때문에 지배하려는 것입니다. 갈망의 사전적 의미는 '간절히 원함, 꼭 필요로 함, 진지하게 간청함, 열망'입니다. 무언가를 갈망하면 그것에 몰두하게 되어 모든 삶을 그것에 집중하며, 그것 없이는 행복할 수 없다고 생각하게 됩니다. 이는, 누군가의 헌신이나 맹세로 자신의 행복을 확인해야만 하고 이것이 충족되지 못하면 자신의 존재 의미를 찾지 못하는 덫에 걸린 상태와 같습니다.

그러나 상대는 지배당하는 것을 싫어하는 본성, 곧 자유를 갈망하는 본성을 가지고 있기에 대립되어 문제가 발생합니다. 지배하려는 사랑은 진실한 사랑을 얻지 못합니다. "무릇 자기 목숨을 보전하고자 하는 자는 잃을 것이요 잃는 자는 살리라"(누가복음 17:33)는 말씀을 여기에 적용시킬 수 있겠습니다.

하나님은 자기 가치를 다른 사람에게 의존하며 몰두하도록 우리를 창조하지 않으셨습니다. 하나님은 사람을 모든 감정으로부터 자유로우며, 자신을 즐기면서, 자기 개성을 세상과 주위 사람들에게 마음껏 표현하도록 지으셨습니다. 하나님께서는 그 누구와도 비교할 수 없는 자신만의 무한한 가치와 독특성으로 나를 지으셨고, 엄청나게 소중한 존재로 나를 만드셨습니다. 그리고는 이렇게 말씀하셨습니다.

"생육하고 번성하여 땅에 충만하라"(창세기 1:28).

자신을 하나님의 사랑 안에서 용납한 사람들은 이제 다른 사람들의 진정한 모습도 용납할 수 있게 됩니다. 하나님은 우리에게 무조건적인 사랑을 베푸시며 우리가 그분에게 얼마나 소중한 존재인지를 보여 주시고 가격표가 없는 사랑을 거저 주셨습니다. 이제 우리는 무한한 사랑을 받은 사람답게, 우리와 인간관계를 맺은 사람들을 향하여 이렇게 말할 수 있어야 합니다.

"저는 당신이 없어도 행복하지만, 더 행복하기 위해 당신이 필요합니다."

절제의 사랑으로 회복된 가정

마지막으로 절제된 사랑의 힘으로 잃었던 사랑을 되찾고 가정을 회복한 한 가정의 이야기를 소개하면서 성품으로 배우자 사랑하기를 마치고자 합니다. 아주 오래 전 좋은나무성품학교 유치원(현 기독학교)에 아이를 보냈던 한 가정의 이야기입니다.

어느 날, 막 출근을 하려는데 전화벨이 울렸습니다. 한 엄마가 울면서 상담을 요청하는 것이었습니다. 상태가 심각한 것 같아 지금 바로 나오라고 해서 만났습니다. 그 엄마는 아주 젊고 예뻤습니다. 이야기는 남편이 회사 경리 아가씨와 눈이 맞아 살림을 차린 이야기부터 시작되었습니다.

"난 당신 없이는 절대로 살 수 없어요. 우리 아이들은 어떻게 하구요."

날마다 이혼을 요구하는 남편을 붙들고 설득도 해 보고 애원도 해 보고 남편의 여자를 만나 사정도 해 보고, 그 어머니가 할 수 있는 것은 다 해 보았다는 것입니다. 어제는 남편의 마음을 돌이키려고 남편 바짓가랑이를 잡고 사정하다가 남편이 보는 앞에서 "당신이 계속 이러면 나 죽겠다"면서 준비한 수면제를 입 안에 털어 넣기까지 했다는 것입니다. 그런데 이 남자, 수면제를 입 안에 털어 넣는 아내를 덤덤하게 바라만 보고 있더랍니다. 아내는 갑자기 정신이 번득 나면서 이래가지고는 자기만 죽을 뿐 아무 소용이 없을 것 같아 즉시 화장실로 기어가 먹었던 것을 모두 쏟아 버렸다고 합니다. 남편은 비웃는 양으로 "놀고 있네~" 하면서 집을 나가 버렸다는군요.

이야기를 들으면서 얼마나 속상하고 분한지 내 몸이 다 떨렸습니다. 세상에 그런 나쁜 남편이 다 있다니……, 정말 한 대 때려 주고 싶은 마음이 들 정도였습니다. 울고 있는 엄마를 진정시키면서 남편의 마음을 돌이키려고 했던 것들을 다 이야기 해보라고 했더니 정말 별별 수고를 다 했더군요.

"이제 그 방법으로는 소용없다는 것을 알았으니 다시는 그런 방법으로 남편의 마음을 잡으려고 하지 마세요. 이제부터는 내가 처방한 대로만 하겠어요?"

젊은 이 엄마는 말했습니다.

"아직 아이들이 어린데다 저는 경제능력도 없고 아무것도 할 수 없어서 아빠가 필요해요. 시댁이 생활비를 대주세요. 남편이라도 붙잡고 있어야 시댁에서 최소한 먹을 것과 아이들 교육비라도 받을 수 있기 때문에 이혼은 할 수가 없어요. 그 사람 마음만 잡을 수 있다면 뭐든지 하겠습니다."

그래서 몇 가지 처방을 내려 주었습니다.

첫째, 지금부터는 절대로 울지 말고 웃고 다닐 것. 둘째, 남편이 오랜만에 집에 들어와도 반기거나 화내지 말고 무덤덤하게 바라보고 무관심할 것. 셋째, 다시는 당신 없이 못 산다는 말은 하지 말고 당신 없이도 딸과 잘 살 수 있다는 태도로 일관할 것. 넷째, 자신이 할 수 있는 무엇인가를 찾아 취미 생활을 시작할 것. 다섯째, 자신의 예쁜 모습에 스스로 자부심을 갖고 더 예쁘게 가꾸고 연마할 것. 마지막으로 매주 목요일 '좋은성품 어머니들의 모임'을 한 번도 빠지지 말고 나와서 자신의 감정 상태를 감금하지 말고 다른 사람들과 교제하며 새로운 지식으로 자신을 새롭게 준비할 것.

그 엄마는 정말 신실하게 시키는 그대로 해나갔습니다. 울상이었던 얼굴이 웃음으로 가득 찼고, 자신감 회복으로 처녀 때 모습이 나온다고 본인도 좋아할 정도로 예뻐져 갔습니다. 오랜만에 집에 들어온 남편이 아내의 모습을 보고 깜짝 놀라는 표정을 지었답니다. 자신이 집에 들어왔는데 잔소리도 안 하고 외출 준비를 서두르는 아내에게 정말 오랜만에 관심을 갖더니 지금 어디 가는 거냐고 물어보더랍니다. 아내가 쳐다

보지도 않고 유치원에 간다고 했더니 남편이 다짜고짜 그 유치원 원장이 남자냐고 물어보더랍니다. 어느 날은 남편이 유치원까지 쫓아오기도 했습니다.

남편이 딸아이에게 관심을 주기 시작하면서 차츰차츰 집으로 들어오는 횟수가 많아지더니 나중에는 아예 집으로 돌아와서는 아내에게 용서를 빌게 되었습니다. 아내는 그동안 배운 십자수와 퀼트로 조그만 가게를 열어 다른 사람을 가르치기도 하고 소품을 팔기도 하였습니다. 자신의 세계를 만들어 자신 있게 생활해 나가는 아내를 보면서 남편은 신비로움을 느꼈는지 아내에 대한 사랑이 회복되어 처음의 사랑으로 돌아가게 되었답니다.

그 집 딸아이의 졸업식 날, 온 가족이 함께 앉아 축복의 노래를 부르고 있는 모습을 보게 되었을 때 제 안에는 가슴 떨리는 행복감이 있었습니다. 눈이 마주친 그 엄마의 눈동자 속에서 절제된 사랑의 승리가 얼마나 소중한지 배울 수 있었습니다. 몇 해가 지난 후 어느 크리스마스 때 예쁜 카드를 받았는데 큰 딸아이의 글씨와 함께 보낸 그 엄마의 편지가 있었습니다.

"지금 이 행복한 가정의 소중함은 박사님이 안 계셨다면 결코 이룰 수 없었을 거예요."

절제된 사랑이 더 매력적임을 알 수 있었던 잊을 수 없는 사건이었지요.

우리는 사랑하는 배우자를 지배하려는 유혹으로부터 자유로워져야 합니다.

> 짧은 묵상 긴 행복

성품으로 배우자 사랑하기

1 나의 모습 중에 인내하지 못해 가정에서 배우자의 마음을 아프게 했던 일은 없나요? 있다면 어떤 부분인지 나눠 보세요.

2 내가 가정에서 인내해야 할 부분은 어떤 것이 있는지 나눠 보세요.

3 나의 모습 중에 책임감을 다하지 못해 가정에서 배우자의 마음을 아프게 했던 일은 없었나요? 있다면 어떤 부분인지 나눠 보세요.

4 아내로서 남편으로서 내가 해야 할 일이 무엇인지를 아는 것이 배우자로서 책임감의 시작입니다. 다음 빈 칸에 그 할 일들을 적어 보세요.

아내로서 해야 할 일	남편으로서 해야 할 일

5 나의 모습 중에 절제하지 못해 배우자의 마음을 아프게 했던 일은 없었나요? 있다면 어떤 부분인지 나눠 보세요.

"화내지 않고
사랑으로 양육하는 것은 불가능한 것일까?"

: 다섯 번째 여행

성품으로 자녀 사랑하기

자녀에게
순종 가르치기

순 종

나를 보호하고 있는 사람들의 지시에
좋은 태도로 기쁘게 따르는 것

_좋은나무성품학교 정의

　자식을 사랑하지 않는 부모가 세상에 있을까요? 당연히 모든 부모는 자녀를 사랑합니다. 그런데 어떤 사랑은 자녀를 풍성하게 살려내는가 하면, 어떤 사랑은 지나쳐서 자녀를 억압하고 짐스럽게 하고 힘들게 하기도 합니다. 우리가 어떻게 해야 하나님께서 원하시는 모습으로 자녀를 사랑할 수 있을지 한 번 생각해 보는 시간을 갖도록 하겠습니다.

　"너희 자녀를 노엽게 하지 말고 오직 주의 교훈과 훈계로 양육하라"(에베소서 6:4).

　이것이 부모들에게 주신 하나님의 말씀입니다. '노엽게 하지 말라'는 말은 대개 어른들을 대상으로 쓰는 말입니다. 그런데 하나님은 지금 우리 부모들에게 "너희 자녀를 노엽게 하지 말라"고 하십니다. 그렇다면 자녀들이 어느 때에 노여울까를 생각해 보면서 자녀를 노엽게 하는 일은 자제해야 합니다.

오직 하나님의 말씀대로 양육해야 합니다. 저는 자녀 셋을 길러 보고, 30여 년 이상 교육자로 활동하면서 어떻게 가르치는 것이 주의 교양과 훈계의 핵심일지 생각해 보았습니다.

무엇보다 순종을 가르치라

자녀들에게 반드시 가르쳐야 할 성품 중 하나가 바로 순종입니다. 순종은 자녀가 어렸을 때부터 가정에서 일찍 가르쳐야 하는 중요한 덕목입니다. 순종이란 '나를 보호하고 있는 사람들의 지시에 좋은 태도로 기쁘게 따르는 것(좋은나무성품학교 정의)'입니다.

순종을 가르칠 때는 순종해야 할 대상을 분명하게 가르쳐야 합니다. 아무에게나 기쁘게 즉시 완벽하게 순종해서는 안 됩니다. 혹은 내 마음속의 말을 모두 순종해서도 안 됩니다. 나를 책임지고 있는 사람이 누구인지 알려 주어야 합니다. 부모님, 선생님, 국가 지도자, 또 가장 중요한 하나님 아버지 앞에 순종해야 한다고 가르쳐야 합니다.

"젊은 자들아 이와 같이 장로들에게 순종하고 다 서로 겸손으로 허리를 동이라 하나님은 교만한 자를 대적하시되 겸손한 자들에게는 은혜를 주시느니라 그러므로 하나님의 능하신 손 아래에서 겸손하라 때가 되면 너희를 높이시리라"(베드로전서 5:5-6).

제 자녀들에게 아주 어렸을 때부터 귀가 따갑도록 말했던 것이 있습니다.

"자녀들아 주 안에서 너희 부모에게 순종하라 이것이 옳으니라……이로써 네가 잘되고 땅에서 장수하리라"(에베소서 6:1,3).

이 말씀처럼 좋은 말씀이 없습니다. 아이들을 다그치지 말고 이 말씀을 외우게 하면, 아이들이 순종하지 않을 때 "어? 하나님께서 뭐라고 말씀하셨지?" 하면서 이 말씀을 적용하면 즉시 순종합니다. 이것이 말씀의 위력입니다. 말씀으로 어렸을 때부터 기준을 정해 주지 않는다면 아이들이 어느 정도 자랐을 때 엄마를 무시하게 됩니다.

한 번은 큰아들이 제게 말했습니다. "예전에는 엄마가 내 세상의 전부라고 생각했는데 지금은 아니에요."

사실 좀 놀랐고 서운했습니다. "그럼, 지금은 뭔데?" 하고 물으니 이렇게 말하지 않겠습니까?

"지금은 내가 엄마를 도와주고 품어 줄 사람이지요."

그래서 "아빠는?" 하고 물으니 "아빠는 인생의 친구고 동반자예요." 라고 하더군요.

당시에는 좀 서운했지만 나중에 생각하니 그것이 얼마나 감사한지 모릅니다. 엄마의 연약함을 받아주고 품어 주고 도와줘야겠다고 생각하는 것이 얼마나 기특하고 감사합니까? 자녀들에게 완벽한 부모가 되려고 노력하기보다는 있는 그대로의 모습을 보이고, "엄마가 이럴 때 참 잘 못해. 엄마 좀 도와줘" 하는 자세가 필요합니다.

"엄마가 너에게 잘 못해 줘서 미안해. 엄마가 잘 몰라서 너를 많이 도와주지 못했어. 미안해."

엄마가 이렇게 솔직하게 아이들에게 다가간다면 나중에 자녀들은 엄마의 연약함을 존중하며 도와주려고 노력할 것입니다.

제가 큰아들과 어려운 시기를 겪고 있을 때 제 자신의 한계를 솔직히 말하고 용서를 빈 적이 있었습니다. 그런데 그 말이 아들과 저와의 관계를 열리게 해 주었습니다. 바로 이 말입니다.

"아들아, 내가 너를 키울 때 처음으로 엄마가 돼서 엄마 역할을 어떻게 해야 하는지 잘 몰랐어. 그래서 네게 많은 상처를 준 것 같아 정말 미안하다."

어느 날 큰아들이 다가와 말했습니다.

"엄마, 조금만 참으세요. 제가 빨리 공부 마쳐서 엄마에게 큰 힘이 되어 드릴게요. 조금만 견디세요. 엄마가 여자라서 못 하시는 것 제가 남자로서 다 해 드리겠습니다."

이렇게 남편보다 더 든든하게 말할 때가 있습니다. 그것이 아이들을 키우면서 받는 감사함이고 보상인 것 같습니다.

아이들에게 순종을 가르쳐야 합니다. 그러기 위해서는 부모가 현명한 지시를 내릴 수 있어야 합니다. 이것은 참 중요합니다. 무조건 순종을 강요해서는 안 됩니다. 자식에게 자기도 하기 어려운 일을 시키면서 순종 운운해서는 안 됩니다. 다그치지 않고 아이들 입장에 서서 아이들을 유익하게 하는 현명한 지시를 내려야 합니다.

성품법칙 ❽ 순종의 법칙

> **성품법칙 ❽ 순종의 'Y-E-S' 법칙**
>
> Yes: **즉각적으로 Yes 합니다.**
>
> Earnest: **진지하게 생각해 봅니다.**
>
> Suggestion: **창의적인 제안을 합니다.**

'Y-E-S 법칙'이란 이런 것입니다. 어른들이 말하면 아이들이 즉각적으로 "yes!" 하고 일어나야 합니다. 이것은 순종의 대상에게 즉시 "네! 네!"라고 대답할 수 있도록 훈련하는 것입니다. 이렇게 우선 "yes"를 했으면 그 다음에 "Earnest", 진지하게 생각해 보고, "Suggestion", 창의적인 제안을 하는 것입니다.

순종을 가르치면서 가장 힘든 것이, 그 지시가 내 마음에 맞지 않고 내 생각과 다를 때, 지시한 사람보다 더 좋은 생각을 갖고 있을 때 어떻게 말할까 하는 부분입니다. 이것을 가르치는 것이 갈등을 해결하는 아주 중요한 열쇠입니다. 그럴 때 'Y-E-S 법칙'을 사용합니다. 일단 순종해야 할 대상이 말하면 그 자리에서 즉시 "네!"라고 말합니다. 그리고 나서 어떤 일이 더 옳은 일이고 더 합리적이고 발전적인 일인지 생각합니다. 그리고 제안합니다.

예를 들면, "이제 잘 시간이니 그만 자거라" 하고 어머니가 명령하면 아이는 즉시 "네"라고 말합니다. 그런 다음 충분히 생각하고 난 뒤에 제안합니다. "그런데 제가 한 장만 더 읽으면 이 책을 다 끝낼 수 있을 것 같아요. 한 장만 더 읽고 잠자리에 들면 안 될까요?" 하고 제안하는 것입니다. 제안하는 법을 모르는 아이는 반항아로 자랍니다. "싫어, 싫단 말이야"가 입에 배면 부모와 계속 충돌할 수밖에 없습니다. 갈등이 빚어진다면 일단 부모님의 권위에 순종하여 "네"라고 말한 후, 생각해 보고 나서 창의적이고 겸손한 태도로 제안하는 방법을 알려 주어야 합니다.

직장에서도 마찬가지입니다. 윗사람이 "자, 이제부터 새로운 프로젝트에 들어갑니다. 이 일을 해 봅시다"라고 이야기하면, 우선 "알겠습니다"라고 말하고 나서 생각해 보고 제안하는 것입니다. 이렇게 말입니다. "지금 마무리 못한 일이 있는데 그것을 먼저 하고 나서 이 일을 하면 어떨까요?" 그러면 상사도 "아, 내가 그 생각을 못했군!" 하게 되고, 이로써 좋은 관계가 유지될 수 있습니다.

그런데 직장이나 가정, 학교, 사회에서 'Y-E-S 법칙'이 적용되지 않아 순종하는 방법을 잘 모르고, 내 맘속에 있는 다른 좋은 생각을 어떻게 발전시켜야 하는지 몰라 서로의 관계가 깨져 어려움을 겪는 경우가 많이 있습니다. 어려서부터 'Y-E-S 법칙'을 가르치면 아이들이 사회생활을 원만하게 할 수 있는 좋은 성품을 갖게 될 것입니다.

좋은나무성품학교에서 가르치는 'Y-E-S 법칙'을 아이들에게 잊지 말고 가르쳐 주십시오. 이것은 즉시 기쁘고 완벽하게 현명한 지시를 수행할 수 있도록 해 줍니다.

순종의 태도 연습

순종의 태도 역시 연습이 필요합니다.

첫째, 내가 누구에게 순종해야 할지 아는 것이 굉장히 중요합니다.

둘째, 순종의 대상을 알았으면 지시한 것을 즉각적으로 바르게 순종합니다.

셋째, 긍정적인 태도로 기쁘게 순종합니다.

넷째, 지시한 것들을 완벽하게 수행합니다.

다섯째, 불평하거나 짜증 내지 않습니다.

여섯째, 순종의 'Y-E-S 법칙'을 사용합니다.

순종의 유익

순종하면 유익이 많습니다. 보호를 받습니다. 지혜를 배울 수 있습니다. 더 큰 리더로 성장할 수 있습니다. 아이들이 물론 순종을 잘하는 것도 중요하겠지만 순종을 하도록 가르치는 방법 역시 매우 중요합니다. 순종을 가르칠 때는 모델링이 필요합니다. 부모는 자녀들의 모델이 되어야 합니다. 가정에서 아빠가 엄마에 대해 권위를 가진다는 것을 아십니까? 혹시 남자와 여자는 동등하게 만들어졌는데 어떻게 그런 말을 할 수 있냐고 하실지 모르겠지만, 하나님은 분명히 이렇게 말씀하셨습니다. "아내들아 이와 같이 자기 남편에게 순종하라"(베드로전서 3:1).

하나님 앞에서 존재 가치로 보았을 때 남편과 아내 모두 동등하고 귀한 사람들이지만, 하나님이 주신 역할에서 남편과 아내는 다르게 부르심을 입었습니다. 그 역할의 다름에 대해 분명한 순종을 하는 것, 그 모델을 아이들 앞에서 보여 주는 것이 중요합니다. 아빠가 "여보, 우리 ~하지?"라고 제안할 때 아이들 앞에서 "아유, 당신은 그걸 말이라고 하세요?" 하게 되면, 가정에서 아빠는 설 자리가 없어집니다. 그 모습을 본 아이들은 엄마 또한 무시하게 됩니다. 권위 앞에 순종하는 모습을 보여 줄 때 아이들도 순종하는 방법을 알게 됩니다.

아이들이 순종하면 순종의 성품을 칭찬하셔야 합니다.

"네가 엄마 말을 즉시 순종해 주어서 무척 고맙구나. 엄마가 이 닦고 자라고 했던 말을 그대로 기쁘게 들어주고 즉시 행동에 옮겨 주어서 굉장히 고마워!"

이렇게 순종할 때마다 칭찬으로 아이를 격려해 주어야 합니다. 예의 바르게 창조적 제안을 하는 법을 알려 주는 것도 부모의 몫임을 잊지 마십시오.

땅에 떨어진 부모의 권위

요즘 우리나라의 비극은 부모의 권위가 무너질 대로 무너졌다는 것입니다. 어린 자녀가 권위자가 되어 부모를 좌지우지합니다. 젊은 부모들이 자녀들의 창의성을 키워 주고 싶다는 명목 하에 부모 권위를 잃어 가며 아이들의 고집을 받아주는 것은 위험한 비극의 시작입니다.

가정에서부터 부모 권위가 회복되어야 합니다. 단언컨대, 부모 권위가 살아야 나라가 삽니다.

부모 권위가 무엇입니까? 너무 생소한 단어인가요?

가정에서 부모의 권위가 사라지고 자녀들의 자기 고집이 가정을 세워 나가는 것이 시대적 풍속이 되어 버렸습니다. 가정에서 부모에게 순종하는 법을 배우지 못한 아이들은 학교에서도 선생님께 순종하지 못하고 학교생활이 힘들어집니다. 교사의 권위가 사라지고 제자가 선생님을 무시하면서 폭력을 휘두릅니다.

사회에서의 법과 질서도 무시하고 자기 고집대로 하려 합니다. 교통질서가 엉망이 되고 교통경찰의 멱살을 잡고 실랑이를 벌이는 웃지 못할 진풍경이 연출되기도 합니다. 직장에서도 상관의 지시를 그대로 수행하려는 마음이 없습니다. 내 마음에 안 들면 그대로 박차고 나와도 아무 상관이 없습니다. 상관의 말을 무시하고 자기 고집대로 일을 처리하여 혼란을 초래합니다. 국가의 권위도 땅에 떨어지고 혼란과 무질서가 난무합니다.

하나님의 권위도 무시합니다. 각자 마음에 좋은 대로 이끌리어 살려 합니다. 그래서 이 세상은 점점 안정을 잃어 가며, 불안함과 두려움이 사람들의 마음을 빼앗아 평안을 모르고 살게 합니다. 가정이 살아야 나라가 삽니다. 가정에서 부모 권위가 회복되어야 나라의 질서와 법이 세워집니다. 부모 권위가 살아야 사회 질서를 바로잡을 수 있으며, 학교 선생님들의 권위가 삽니다. 부모의 권위를 인정하는 사람이 법도 지키고, 교회 지도자에게 순복도 하고, 하나님의 권위 앞에서도 순종하게 됩니다. 다시 한 번 말하지만, 부모 권위가 살아야 나라가 삽니다. 순종이 모든 인간관계의 기초가 되기 때문입니다.

그렇다면 부모 권위가 무너지게 된 이유가 무엇입니까? 그것은 부모의 역할이 무엇인지 부모도 모르고 있기 때문입니다. 부모의 역할은 자녀를 보호하고 가르치며 책임지는 것입니다. 이 시대의 비극은 부모가 자꾸 다른 사람에게 자녀를 위탁하려고 드는 것 때문에 생깁니다. 양육을 위탁하고 교육을 위탁합니다.

게다가 밖에서 바쁘게 살고 있는 부모의 가슴에는 늘상 자녀에 대한 미안함이 있습니다. 이 미안한 마음 때문에 자녀에게 장난감, 돈, 음식 등의 물질로 대신 보상하려 들고, 자녀가 자기 고집을 행사하는 작은 폭군이 되어 가도록 방관하면서 비판 없이 그대로 받아들이는 경향이 있습니다.

시대의 변화로 맞벌이 가정이 증가하여 올바른 부모와 자녀 관계가 형성되지 못하고 있습니다. 워킹맘(Working mom)의 증가로 자녀와 부모가 함께하는 시간이 짧아져 안정적인 신뢰와 애착관계가 형성되지 못하며, 일정하지 않은 양육자로 인해 일관성 있는 훈육이 이뤄지지 못하고 있습니다. 또한 부부가 화목하지 못하여 가정 내에서 폭언, 폭력이 난무하고 이혼 등 가정불화의 증가로 자녀들이 올바른 부모상을 갖지 못하게 되었습니다. 부모들의 잘못된 양육태도도 문제입니다. '내가 어른인데……' 혹은 '내가 부모인데……'라는 고정된 생각으로 자녀들의 감정과 상태를 이해하지 못하고 무조건적인 명령과 지시를 강요하고 있습니다. 일류 학교에 대한 지나친 집착과 경제적인 풍요에만 가치를 두는 성공에 대한 잘못된 인식도 부모 자식 간의 친밀함을 방해하고 있습니다.

순종의 반대말은 '자기 고집'입니다. 자기 고집대로 하면서 권위 앞에 도전하는 것입니다. 현 시대의 문제점은 자기 위의 권위가 누구인지도 분간하지 못하고 사는 것입니다. 내 마음대로 사는 것이 가장 큰 가치로 자리 잡고 있는 것이 오늘날의 현실입니다.

부모의 권위에 도전하고 불순종하는 아이들은 이렇게 행동합니다. 말대꾸를 하거나 갑작스럽게 화를 내거나 짜증을 냅니다. 부모의 심부름이나 지시에 투덜거립니다. 눈을 마주치지 않고 대답하거나 못 들은 척 무시합니다. 어른들께 무례하고 버릇이 없습니다. 쓰레기를 함부로 버리거나 무단횡단 등의 공공의 약속과 질서를 지키지 않습니다. 다른 사람들을 무시하고 자기 고집대로 행동합니다. 자기가 해야 할 책임을 다하지 않습니다. 폭언이나 폭행 등 무례한 언행을 거침없이 아무에게나 기분대로 행합니다.

부모의 권위를 회복하는 성공 노하우

첫째, 자녀와의 특별한 시간을 만들어야 합니다.

부모가 바쁘기 때문에 권위가 자꾸 사라지는 것입니다. 엄마 아빠가 바쁘다는 핑계로 미안함을 물질로 보상하려다가 부모의 권위는 사라지고 물질만능주의가 아이를 지배합니다. 물질로 아이를 만족시키려 하지 마십시오. 시간을 내주십시오. 함께하는 시간을 만들 때 자녀들은 부모님이 자신을 얼마나 소중히 여기고 사랑하는지 느낄 수 있게 됩니다. 아이는 자신을 즐거워하는 사람을 좋아하게 되고 그 사람의 말을 따르려 합니다. 함께 있는 시간이 많을수록 서로에 대한 이해와 감정 공감이 이루어집니다.

둘째, 자신의 부모님께 순종하는 모델링을 보여 주십시오.

자녀들이 순종하는 권위 있는 부모가 되고 싶다면, 지금 당장 자신의 부모님, 곧 할머니 할아버지께 최선을 다해 순종하는 모습을 보이십시오. 열 마디 말보다 직접 눈으로 보고 듣는 경험이 가장 좋은 교육이 됩니다.

셋째, 부부 간의 화목함이 우선입니다.

부부끼리 서로 싸우고 헐뜯는 가정에서는 순종하는 자녀를 기대하기 어렵습니다. 배우자의 허물을 자녀에게 말하지 마세요. 부모의 권위가 떨어집니다. 무조건 "엄마에게 말해 봐"가 아니고 "아빠가 엄마랑 의논해서 알려 줄게", "엄마 생각은 이런데 아빠 생각은 어떤지 여쭈어 보자" 하면서 서로가 존경하고 존중하는 모습을 보여 주세요. 자녀가 순종을 더 잘 배우게 됩니다.

넷째, 나쁜 행동은 그 자리에서 바로잡아 주십시오.

아이가 무례하고 버릇없는 말이나 행동을 하는 그 순간이 바로 아이의 행동을 교정할 수 있는 가장 좋은 시간입니다. 아이가 무엇을 잘못했는지 설명하고 어떻게 고쳐야 하는지, 강하고 분명한 몸짓과 말로써 가르쳐 줍니다. "그건 올바른 행동이 아니야. 그러니까 다시 바르게 해 보렴" 하고 말입니다. 부모님의 권위에 일부러 불순종하는 모습을 보았을 때는 즉시 그 태도는 안 된다고 이야기하고 바로잡아 주어야 합니다.

다섯째, 욕구를 언어로 표현하게 하십시오.

사랑은 표현한 만큼이라고 하지 않습니까? 부모님이 먼저 자녀에게 사랑을 말로 표현해 주십시오. 그리고 자녀들에게도 자신들의 생각을 말로 표현할 것을 요구하십시오. 아이가 어릴수록 욕구를 언어로 표현하게 하고 순종을 가르쳐야 합니다. 아이들에게 언어로 표현하는 법을 알려 주지 않으면, 떼를 쓴다거나 엄마를 때린다든가 발로 찬다든가 물건을 던지는 등의 행동으로 욕구를 표현합니다. 아이가 그렇게 행동할 때는 즉시 나쁜 행동이라는 것을 가르쳐 주는 것이 중요합니다. 그때는 이렇게 말하는 것이 좋습니다.

"엄마 아빠가 세상에서 제일 소중하게 생각하는 것은 바로 너란다. 그런데 네가 말하지 않으면 네 마음을 잘 몰라. 너의 마음은 어떤지, 필요한 것은 무엇인지 정확하게 말로 이야기하면 엄마 아빠는 네가 원하는 것을 더 잘 알 수 있을 거야."

"이렇게 떼쓰며 말하는 것은 좋은 태도가 아니야. 네가 무엇을 말하려고 하는지도 잘 모르겠고……. 다시 잘 말해 줄래?"

여섯째, 순종을 가르쳐야 합니다.

아이들은 가르치지 않은 것은 배울 수 없습니다. 좋은 성품은 가르침으로 키울 수 있습니다. 부모님 말씀이나 선생님 말씀, 우리를 책임지고 있는 현명한 사람들의 지시가 자녀를 위험에서 보호해 주고 안전하게 하는 것임을 가르쳐 주어야 합니다.

"자녀들아 주 안에서 너희 부모에게 순종하라 이것이 옳으니라"(에베소서 6:1)는 말씀을 들려주십시오.

자녀들을 어떻게 가르쳐야 할지 몰라 방황하고, 귀한 자녀를 세상 속에 위탁하고 부모로서의 직무를 유기했던 것을 회개합시다. 그리고 이제부터라도 자녀들을 끌어안고, 어렸을 때부터 주의 교양과 훈계로 잘 가르치는 부모가 되어야 합니다.

하나님 아버지께서는 부모의 역할이 가르치는 것임을 말씀하십니다. 자녀들이 어렸을 때부터 하나님을 경외하고, 말씀을 경청하고 순종하는 성품을 갖도록 부모들이 모든 지혜를 총동원하여 가르쳐야 합니다. 자녀들의 전인격 곧, '지정의'에 하나님의 말씀이 다 역사하시도록 성령님께 위탁하며, 우리에게 주신 귀한 자녀들이 어렸을 때부터 하나님 말씀을 경청하고 그분의 음성에 순종하는 귀한 아이들이 될 수 있도록 기도를 쉬지 말아야겠습니다.

순종을 가르치는 방법들

순종을 가르치는 것은 자녀를 더 큰 리더로 만드는 가장 확실한 교육입니다. 순종의 핵심은 '지시를 수행하는 것'인데, 자기 고집을 꺾고 자기 권위자에게 즉시 기쁜 마음으로 완벽하게 수행하려는 태도는 그 사람을 더 크게 성장시키는 원동력이 됩니다. 순종을 통해서 권위자가 갖고 있는 모든 현명한 지혜와 삶을 살아가는 능력을 잘 배우게 되는 것입니다.

자! 이제 자녀의 행복한 미래를 위해서 일찍부터 '순종'이라는 아름다운 세계로 안내하는 현명한 어른들이 되어 봅시다.

첫째, 부모가 순종하는 모습을 직접 보여주세요.

순종을 가르치는 가장 효과적인 방법은 부모 자신이 권위 앞에 순종하는 모습을 자녀들에게 본보기로 보여 주는 것입니다. 또한 어머니가 아버지에게 드리는 순종과 존중을 자녀들이 눈여겨보면서 자신의 삶과 연결시키고 있다는 것을 잊지 말아야 합니다. 아버지가 직장 상사를 대하는 태도, 직장의 업무에 임하는 태도를 보면서도 자녀들이 직장관, 업무 수행 방법들을 미리 익히고 있다는 사실을 기억해 주세요. 온 가족이 함께 나들이 갈 때 어른이 솔선해서 공공질서와 예절을 지키는 모습에서 아이들은 사회를 향한 순종의 모습을 배우고 익힌답니다.

둘째, 순종의 성품을 칭찬하세요.

칭찬을 통하여 순종의 성품을 더욱 성취감 있게 발전시킬 수 있습니다. 상황에 따른 적절한 칭찬이 동기유발이 되어 순종의 성품을 더욱 연마하게 합니다. 예를 들어 볼까요?

학교에서

"네가 선생님의 지시에 따라 잘 순종해 주어서 그 과제의 성적이 훌륭하구나."

"학습 준비물을 스스로 챙겨 온 너의 순종의 태도가 참 기특하구나."

가정에서

"장난감을 제자리에 정리하라는 엄마의 말에 순종해 주어서 정말 고맙다. 지속적으로 순종하는 네 모습이 정말 믿음직스럽구나."

"내가 너를 불렀을 때 순종하는 모습으로 빨리 와 주어서 참 고맙구나."

직장에서

"당신이 하던 일을 멈추고 새로운 과제에 즉시 착수하는 순종의 모습을 보여 주어서 참 감사합니다."

사회에서

"쓰레기를 가정으로 갖고 가라는 공원 관리자의 지시를 잘 수행하는 당신의 모습이 참 자랑스러워요."

"교통질서를 잘 지키는 아빠의 모습이 정말 자랑스러워요."

셋째, 예의 바르게 '창조적 제안'을 하는 방법을 가르치세요.

권위자의 지시가 적절하지 못하다는 생각이 들 때 어떻게 할까요? 현명하게 대처하는 방법을 먼저 가르쳐 주세요. 불평하며 불만을 터뜨리는 모습은 효과적이지 못합니다. 더 큰 리더십을 발휘하기 위해서는 긍정적인 영향을 줄 수 있어야 합니다. 부정적인 사람은 리더가 되지 못합니다. 리더십의 영향력은 감염이 되기 때문에 부정적인 사람은 사회나 조직이 큰 임무를 맡기지 않습니다. 협력자의 모습으로 자신의 권위자와 직접 대화하는 것이 중요합니다. 예를 들어 볼까요?

가정에서

엄마 "유종아, 이제 책 그만 보고 자야 할 시간이다."

유종 "네, 엄마. 그런데 한 가지 좀 말씀드릴 게 있는데요."

엄마 "응, 그게 뭔데?"

유종 "두 페이지만 더 읽으면 이 책이 끝나거든요. 이것만 다 읽고 잠자리에 들면 안 될까요?"

엄마 "그렇구나. 그럼 그것만 다 읽고 자렴."

유종 "엄마, 감사합니다."

직장에서

상관 "자, 오늘부터 새로운 프로젝트에 착수해야 합니다. 어떻게 일을 시작할 것인지 각 팀마다 보고서를 작성해 오세요."

팀장 "네, 알겠습니다. 그런데 지난 번 지시하신 것 중 다 끝내지 못한 것이 있는데 그것을 먼저 처리하고 작성하면 어떨까요?"

상관 "아, 그렇군. 내가 그것을 미처 생각 못 했네. 그럼, 그 일부터 완성해 놓고 다시 합시다."

팀장 "감사합니다."

창조적 제안이란 권위자가 미처 알지 못한 정보를 조심스럽게 알려서 현명한 지시를 할 수 있도록 돕는 방법입니다. 뒤에서 비난이나 불평하는 태도는 서로에게 좋지 않습니다. 어려서부터 '창조적인 제안'을 하는 방법을 가르친다면 모든 관계에서 성공하는 지혜자가 될 것입니다.

지혜로
자녀 훈계하기

지 혜

내가 알고 있는 지식을 나와 다른 사람들에게
유익이 되도록 사용할 수 있는 능력

_좋은나무성품학교 정의

   부모는 자녀를 사랑하기 때문에, 잘못된 행동을 바로잡으려고 야단치거나 때리고 벌을 세우기도 하는 등 각양각색의 형태로 아이들을 훈계합니다. 그런데 가만히 들여다보면 때때로 정말 아이가 잘못해서 그러는 것보다는 부모의 아픈 상처로 인해서 아이를 야단치는 경우가 많습니다. 혹은 부모의 감정 폭발 수단으로 자녀 훈계를 이용하기도 합니다.

   훈계를 하되 잘 하는 것이 굉장히 중요합니다. 그런데 많은 부모님들이 훈계를 어떻게 해야 할지 잘 모릅니다. 가만히 보면, 부모가 자신에게 행했던 그대로 내 아이를 야단치고 있습니다. 어린 시절은 물론 지금도 알게 모르게 자신을 힘들게 하는 바로 그 지긋지긋한 방식으로 말입니다. 부모들은 다른 어떤 것보다도 자녀를 훈계할 때 지혜의 성품을 발휘해야 합니다. 잘못된 훈계는 자녀에게 평생 상처가 되기 때문입니다.

성품훈계란?

성품훈계란 '자녀가 좋은 성품으로 성장하도록 부모와 교사가 좋은 성품으로 가르치고 수정하고 훈련시키는 것(이영숙, 2005)'입니다.

성품훈계의 목적은 좋은 성품을 기르는 데 있습니다. 좋은 성품으로 자녀를 키우기 위한 부모들의 역할은 성품훈계를 실천하는 것입니다. 올바르게 훈계할 수 없다면 우리 자녀들이 좋은 성품으로 자라기 어렵습니다.

그런데 하나님은 누구를 훈계하십니까?

"주께서 그 사랑하시는 자를 징계하시고 그가 받아들이시는 아들마다 채찍질하심이라 하였으니"(히브리서 12:6).

하나님은 사랑하는 자를 채찍질하고 사랑하는 자를 훈계하신다고 했습니다. 부모도 자녀를 사랑하기 때문에 훈계하는 것입니다. 하지만 그 방법이 잘못될 때 결과적으로 많은 어려움을 겪게 됩니다.

하나님께서는 왜 사랑하는 자를 훈계하실까요?

"그들은 잠시 자기의 뜻대로 우리를 징계하였거니와 오직 하나님은 우리의 유익을 위하여 그의 거룩하심에 참여하게 하시느니라 (히브리서 12:10).

하나님께서 훈계하시는 것은 결국 우리의 유익을 위해서입니다. 그 유익이란 하나님의 거룩하심을 닮아 가는 것입니다. 하나님의 성품을 닮게 하기 위한 가장 효과적인 방법은 훈계입니다. 부모들 또한 자녀의 유익을 위해 훈계해야 합니다. 잘못됨으로부터 보호하기 위해, 지혜를 주기 위해, 성장하도록 독려하기 위해, 배움을 제공하기 위해 훈계해야 합니다.

징벌과는 다른 성품훈계

많은 부모들이 징벌과 성품훈계를 혼동합니다.

저희 남편도 하나님을 열심히 믿는 신실한 크리스천인데 "주께서 그 사랑하시는 자를 징계하시고 그가 받아들이시는 아들마다 채찍질하심이라"는 말씀을 얼마나 좋아했는지 모릅니다. 남편은 그 말씀을 온전히 실천했습니다. 글자 그대로 채찍질을 했습니다. 아이들이 잘못하면 반드시 때렸습니다.

그래서 저희 집 아이들은 어렸을 때 아빠를 무척 무서워했습니다. 아이들에게는 엄청난 공포였습니다. 저는 그런 모습을 오랫동안 지켜보며 정말 궁금했습니다. '진짜 저렇게 채찍질하는 것이 하나님 뜻인가?' 체벌할 때 채찍 쓰는 것에 대해 사람들이 아무리 이런저런 근거를 갖다 댄다 해도, 제가 아는 하나님은 채찍질하시기 전에 가르치고 또 가르치고, 얘기하고 또 얘기하면서 기다리시는 하나님입니다. 그런데 그 기다리시는 하나님의 모습은 싹 빼고, 사랑하는 자마다 채찍질해야 한다며 아이를 열심히 매질하는 크리스천 부모님들이 있습니다.

사실 체벌과 관련해서 고민하는 분들도 많습니다. "이렇게 했는데 아이를 때려야 할까요, 말아야 할까요?", "이럴 때 벌 줘야 하나요? 아니면 몇 대 때릴까요?" 하면서 말입니다. 많은 부모들이 징벌을 훈계로 생각합니다. 하지만 중요한 것은 훈계와 징벌은 엄연히 다르다는 사실입니다.

징벌의 목적은 위반에 대해 벌을 주는 것입니다. 성품훈계의 목적은 교정과 성숙을 위해 훈련시키는 것입니다. 그런데 많은 엄마 아빠들이 망설이지 않고 매를 듭니다. 그래야 좋은 부모라고 생각합니다. 하지만 결코 그렇지 않습니다.

징벌은 과거의 잘못에 관심의 초점을 둡니다. "너 왜 그랬어? 몇 대 맞을래? 왜 하지 말라는 거 했어?" 하면서 자꾸 과거를 들추며 벌을 줍니다. 징벌은 부모 편에서의 적의와 좌절감을 표현하는 것입니다. 그러다 보니 징벌하는 부모는 "하나님, 제가 언제까지 참아야 합니까? 도대체 언제까지입니까? 언제까지…"라는 말을 자주 하게 됩니다.

징벌은 아이에게 두려움과 죄의식을 심어 줍니다. 징벌을 많이 받은 아이들은 두려움과 수치심과 죄의식에 사로잡혀, 무슨 일만 있으면 "내가 잘못해서 그래" 하는 말을 참 잘합니다. 자신에 대한 수치심을 갖게 되고 자존감을 소유하지 못하게 되어, 늘 나 때문이라고 생각하는 것입니다.

반면 성품훈계는 관심의 초점이 미래의 바른 행위에 있습니다. '미래에 이 아이가 어떻게 세상 살아가는 힘을 얻을까? 미래에 이 아이가 어떤 바른 행동을 할까?'를 생각하는 것입니다. 성품훈계는 부모 편에서의 사랑과 관심의 표현입니다. 좌절감과 적대감으로 자녀를 대하는 게 아니라 사랑과 관심으로 자녀를 대하는 것입니다. 이런 성품훈계를 받은 아이들은 안정감을 가집니다.

고속도로에 가드레일이 없으면 굉장히 무섭지 않습니까? 오고 갈 때 그 선이 없으면 굉장히 불안한 것처럼 성품훈계란 인생의 가드레일입니다. 하나의 선입니다. 이 선이 있는 아이와 없는 아이는 다릅니다. 없으면 좋을 것 같지요? 절대로 그렇지 않습니다. 아이들이 불안해 합니다.

부모님이 바른 길을 제시해 주며 제대로 훈계해 주는 가정에서 자란 아이들에게는 안정감이 있습니다. 그 아이들은 부모가 말할 때 잘 듣습니다. 부모에게 순종합니다. 부모의 지시에 잘 따릅니다. 그러나 징벌을 많이 받은 아이들은 부모가 오라고 하면 갑니다. 가라고 하면 옵니다. 두렵기 때문에 부모를 피하고, 부모의 말과는 정반대로 행동합니다.

성품법칙 ❾ 지혜의 법칙

> **성품법칙 ❾ 지혜의 'A.T' 법칙**
>
> A: Acting
>
> T: to make others joyful
>
> 다른 사람들에게 유익이 되도록 행동하기

지혜란, 내가 알고 있는 지식을 나와 다른 사람들에게 유익이 되도록 사용할 수 있는 능력(좋은나무성품학교 정의)입니다. 간단하게 말하면

'Acting to make others joyful'이라고 할 수 있습니다. 다른 사람에게 도움(기쁨)이 되도록 행동하는 것을 연습할 때, 지혜의 성품을 훈련할 수 있습니다. 어떠한 상황이든, 어떠한 사람을 만나든 지혜의 법칙을 미리 생각하는 습관을 가져 보세요. 다른 사람에게 도움을 줄 수 있는 말과 행동이 무엇일지 생각해 보는 것입니다.

자녀를 훈계할 때도 지혜의 'A.T' 법칙을 떠올리세요. 이 법칙을 떠올리면 잔소리가 아니라 자녀에게 유익한 '성품훈계'를 선택할 수 있습니다. 지혜의 법칙으로 다른 사람에게 유익이 되는 좋은 생각·좋은 감정·좋은 행동을 표현해 보세요.

성품훈계의 3단계

성품훈계에는 단계가 있어야 합니다. 단계적으로 접근하지 않으면 훈계의 효과를 떨어뜨릴 수 있기 때문입니다. 아이가 잘못하는 것을 보는 즉시 때리게 되면, 아이는 자기가 왜 혼나고 맞아야 하는지 모를 수 있습니다. 앞으로도 그냥 그런 상황은 모면하고 보자는 생각을 하게 됩니다. 갑자기 아이를 때리거나 벌을 주는 것은 좋은 방법이 아닙니다.

1단계는 지도하는 것입니다.

좋은나무성품학교에서 12가지 주제로 성품들을 가르치지 않습니까? 그것이 성품훈계입니다. 가르침 자체가 성품훈계의 시작이라는 의미입니다.

> "마땅히 행할 길을 아이에게 가르치라 그리하면 늙어도 그것을 떠나지 아니하리라"(잠언 22:6). 🌸

마땅히 행할 길을, 세상 살아가는 힘을 가르쳐 주는 것이 1단계입니다. 1단계에서는 지식이나 정보를 전달합니다. 직접 본을 보이거나 말로 가르치거나 명령함으로써 아이를 준비시키는 것입니다. 매일 일어나는 사건이나 상황 속에서 부모의 가치나 기준을 나눌 기회를 포착할 수도 있고, 아이를 지도하고 가르칠 시간을 따로 떼어둘 수도 있습니다.

2단계에서는 가르친 바를 훈련시키는 것입니다.

습관을 들이게 하고 지도받은 영역이 숙달되도록 돕는 것입니다. 아이들과 함께 실행하면서, 한 번에 한 단계씩 좀 더 복잡한 과제나 개념들을 가르쳐 갑니다. 자꾸만 적용하고 실천하는 과정에서 지식을 더하고 잘못된 개념을 정리하기 위해 대화를 나누며, 아이가 얼마나 나아졌는지 평가합니다.

또한 훈련단계에서 보상을 하면 효과가 배가됩니다. 예를 들어, 경청이라는 성품을 가르치면 그 성품을 두 달 동안 연습하게 합니다. 이것이 훈련입니다. "얘들아, 우리 집에서는 동생을 때리면 안 돼. 때리고 싶을 때는 이렇게 하는 거야" 하고 가르쳤으면 그 다음에는 그것을 훈련해야 합니다. 몸에 배일 때까지 말입니다. 훈련이란 결국 반복을 의미합니다.

3단계에서는 교정을 합니다.

앞서 행해진 지도나 훈련이 통하지 않을 때, 다시 말해 해도 해도 안 될 때 쓰는 방편입니다. 교정에는 여러 가지 방법이 있을 것입니다. 직접적이고 단호하게 한 마디 해 줄 수도 있고, 타임아웃(time-out)이나 무시(소멸)해 버리는 방법도 있습니다. 우리가 잘 아는 방법인 매(체벌)를 들 수도 있지만, 이 방법은 최대한 지양해야 합니다. 그리고 교정만이 훈계의 전부는 아닙니다. 잘했을 때는 칭찬도 해 주고 격려도 해 주고 상도 주어야 합니다.

이렇게 그때그때 단계에 맞게 아이를 이끌어 주는 것이 올바른 훈계입니다. 그런데 아무것도 가르쳐 주지 않고, 갑자기 아이의 등짝을 때리면서 "왜 어른한테 인사 안 해?" 하면 아이는 그저 어안이 벙벙할 뿐입니다. 이렇게 할 때 아이는 "언제 나한테 가르쳤어?"라고 반응합니다. 몰라서 못 한 것을 나무라서는 안 됩니다. 먼저 아이들에게 가르치기부터 해야 합니다. 아이들은 연약하기 때문에 실수하기도 합니다. 눈과 손에 협응력이 없어서, 근육 발달이 아직 덜 돼서 물건을 잘 움켜쥐지 못하고 떨어뜨립니다. 그런데 그걸로 때리는 부모가 있습니다. 아이의 연약함 때문에 실수하는 것은 절대 교정 대상에 포함되어서는 안 됩니다. 가르치고 훈련시키고 기다려 주어야 할 문제일 뿐입니다.

완벽한 성격을 가진 부모일수록 아이들의 실수를 용납하지 않습니다. 능력이 부족해서 저지른 실수까지도 꼭 징벌합니다. 그러면 아이들은 수치심 때문에 세상을 향해 기를 펴지 못합니다. 완벽한 부모님 밑에 자라는 아이들은 불쌍합니다. 일거수일투족 완벽을 요구하는 부모 때문에 늘 자신을 부족한 존재라고 느끼고 살아갑니다. 저는 그런 아이들을 많이 봤습니다. 엄마가 아이에게 하얀 바지를 입혀서 유치원에 보낸 경우가 있었습니다. 아이는 바지를 더럽혀 가면 엄마한테 혼날까봐 놀이터에서 미끄럼도 못 탔습니다. 그런데 그 아이가 상당히 커서까지도 배변 훈련이 안 되어 고생했습니다. 조절을 못해 여기저기서 실수하는 것을 보았습니다. 심리적인 압박감 때문인 것으로 보입니다.

효과적인 교정의 방법

교정에는 여러 유형이 있는데, 우선 분명한 대화가 있습니다.

대화란 지식이나 정보를 나누고 서로의 의견이나 생각을 교환하는 것을 말합니다. 엄마 아빠의 뜻이 분명하게 전달되지 못해서 아이들이 해야 할 일을 제대로 못 하는 경우가 참 많이 있습니다. 부모들은 아이들의 눈을 쳐다보면서 분명하게 알려 줘야 합니다. 워낙 대화 문화가 정착되지 않은 사회에서 살다 보니, 부모 자식 간에 불충분한 의사전달로 오해가 생겨 서로 힘들어 할 때가 많습니다. 이런 경우 대체로 부모의 책임이 큰데, 부모들은 제대로 지시하지도 않은 사실은 모른 채 아이더러 말 안 들었다고 오히려 야단칩니다. 아이들에게 효과적으로 지시할 필요가 있습니다.

첫째, 아이에게 명령할 때는 단호하고 간결하게 말하십시오.

"~하면 좋겠다"와 같은 바람의 형식보다는 "~하지 마라" 하는 식으로 딱 부러지게 말하십시오.

둘째, 부모가 원하는 것을 구체적으로 얘기해 줘야 합니다.

예를 들면 "너 소파에서 뛰지 말고 내려와서 예쁘게 앉아 있어"라고 말입니다. "그만해, 그만해"라고만 하면 아이들은 뭘 그만하라는지 몰라 계속 뛰고, 그러다 보면 부모 언성만 높아질 것입니다.

셋째, 애걸하거나 수를 세지 마십시오.

"너 말 안 들을래? 열 셀 때까지 이리 와. 하나, 둘, 셋……아홉, 아홉의 반, 아홉의 반의 반……" 하는 식으로 으름장 놓지 말라는 것입니다. 일단, "이리 와 밥 먹어라. 지금 안 먹으면 치울 거야. 그러면 너는 오늘 밥 못 먹어"라고 하고, 안 오면 정말 치워 버리셔야 합니다. 나중에 와서 밥 달라고 하면 "네가 오늘 약속을 안 지켰어. 아까 그러면 밥이 없다고 그랬지. 내일 먹도록 해라" 하면서 강하게 나가야 합니다. 부모의 권위를 세워야 합니다. 쫓아다니면서 입에 넣어 주면 나쁜 습관만 생기게 됩니다.

넷째, 회유적인 질문은 피하고, "우리의 규칙은~", "엄마는 하지 않을 것이다", "너는 ~해 주어야겠다"는 식으로 자신의 요구를 밝히십시오.

다섯째, 아이의 행동 변화를 기대하면서 단 한 번만 요구하고, 동일한 요구를 거듭 말하지 마십시오.

"문 좀 닫아라. 문 좀 닫아줘. 문 좀 닫아. 왜 문 안 닫니? 아이고, 내 팔자야. 내가 일어나서 나가야 되겠니? 우리 집은 나 아니면 아무도 안해."

이렇게 말하는 것은 좋은 접근방법이 아닙니다. 그저 엄마의 화풀이로만 비칠 뿐 아이는 아무런 죄의식도 느끼지 않고 계속 말을 안 듣습니다. 그러니 "문 닫아라"고 한 번만 말하고, 안 닫으면 아무 소리 말고 엄마가 나가서 닫아야 합니다. 그러면 다음번에 엄마가 또 그럴까봐 아이는 말이 떨어지기 무섭게 벌떡 일어나서 문을 닫습니다.

여섯째, 협박을 하지 말고 실제로 취할 행동을 말하십시오.

많은 부모님들이 "너 그렇게 하면 쫓아내 버릴 거야. 다리몽둥이 부러뜨릴 거야" 하는 식으로 말합니다. 하지만 어떻게 자녀의 다리를 부러뜨리겠습니까? 그런 말은 쓰지 말아야 합니다. 기왕 따끔한 경고를 하려면, 반드시 실행 가능한 것을 말해야 합니다.

예를 들면 이렇게 하십시오. "너 한 번만 더 엄마한테 그 알림장 안 보여주면 다음에는 굉장히 화낼 거야"라고 말했다면 그것은 정말 그렇게 할 수 있는 일입니다. "엄마가 이거 하지 말라고 했는데 또 하면 그때는 하루 종일 외출을 금지시킬 거야" 한다면 그렇게 할 수 있습니다. 그런데 "창문 밖으로 던져 버릴 거야", "내쫓아 버릴 거야", "엄마 집 나가 버릴 거야" 같은 협박은 실천도 불가능하거니와, 자칫 아이에게 나쁜 인식을 심어 줄 수 있어 위험합니다.

그렇다면 효과적인 지시를 위한 구체적인 방법에는 어떤 것이 있을까요?

첫째, 부모가 뜻하는 바를 확실히 밝히고, 질문이나 부탁처럼 지시하지 마십시오. 아이들은 부모가 뜻하는 바를 분명하게 몰라서 못 하는 경우가 참 많습니다. 질문이나 부탁처럼 지시하면 애들은 거드름을 피우면서 해 주는 척합니다.

둘째, 한꺼번에 너무 많은 지시를 하지 마십시오. "너 오늘 빨리 밥 먹고 세수하고 숙제하고 심부름 갔다 와" 하면 아이가 아무것도 못 합니다. 무슨 말을 들었는지도 모릅니다. 한꺼번에 다 말하지 말고 한 가지씩 정확하게 지침을 줘야 합니다.

셋째, 아이가 부모에게 주의집중을 하도록 만든 후에 얘기해야 합니다. 아이가 TV를 본다면 눈이 화면에 가 있을 텐데 어떻게 엄마의 지시를 제대로 듣겠습니까? 그럴 때는 TV를 끄고 엄마에게만 주의집중해서 경청하게 한 다음 말해야 합니다. 지시하기 전에 모든 잡음이나 방해물을 줄이십시오.

넷째, "엄마가 뭐라고 했지? 엄마가 어떻게 하라고 했지?" 하면서 아이에게 지시 내용을 반복해 보라고 하십시오. 이것은 참 좋은 방법입니다. 아이가 정확하게 이해했는지를 보는 겁니다.

교정의 두 번째 유형으로는 체벌이 있습니다.

되도록 체벌은 지양해야 하는 방법입니다. 정말 체벌이 필요할 때는 손이 아닌 매를 사용해야 합니다. 손으로 때리는 것은 좋지 않습니다. 손은 우리가 스킨십을 하는 도구입니다. 이 손을 가지고 아이들을 쓰다듬어 주고 안아 주고 사랑해 줍니다. 아이를 축복하며 머리 위에 안수기도 할 때도 쓰입니다. 그런데 이 손을 볼기를 때리는 도구로 쓰니, 아이들에게는 이것이 이해가 안 되는 겁니다. 평소에 손으로 많이 때리던 부모가 쓰다듬어 주려고 다가가면 아이는 또 때리려는 줄 알고 움찔합니다. 체벌이 필요할 때는 손을 써서는 안 됩니다. 때리면 적당하게 아프고 상처가 나지도 않는 글루스틱 같은 매를 이용하는 것이 좋습니다. 손은 사랑의 도구로만 쓰십시오.

예전에 저희 남편이 매를 잘 드는 사람인지라, 저는 도대체 매를 언제까지 들어야 하며, 어떻게 때려야 효과적인지 머리를 싸매고 열심히 연구했습니다. 그러나 지금은 절대로 매를 안 듭니다. 얼마나 인내를 잘 하는 성경적인 부모가 됐는지 모릅니다.

매는 아주 어렸을 때, 특히 10살 이전에만 적용해야 한다고 생각합니다. 10살 이후에는 소용이 없습니다. 매를 들 수 있는 시기가 있음을 알아야 합니다.

분이 난 상태에서는 때리지 마십시오. 아이가 당신의 권위에 공공연히 대들 때는 매를 드십시오. 그리고 자녀들의 상황과 기질을 잘 살피면서 조심스럽게 사용하십시오. 매를 드는 순서와 방법도 지혜롭게 선택하십시오. 예를 들어, 아이가 9~18개월 사이라면 "안 돼"라는 단어를 이제 막 배우는 시기이므로, "안 돼"라고 말하고 손등을 때리면 아이는 "안 돼"라는 단어와 고통을 연결시키게 됩니다.

아이가 혼자 있을 때를 택하십시오. 교정하기 전에 당신의 교육을 아이가 이해하고 있는지 확인하며, 자신의 행동에 책임지도록 "네가 어떻게 했니?", "네가 무엇을 했지?"라고 물어보십시오. 훈육하고 있는 그 순간에도 똑같이 사랑하고 있다고 아이에게 말해 주십시오. 그런 다음에 매를 듭니다. 매를 때린 후에는 즉시 아이를 위로하십시오. 이 방법은 어린 아이일 때 효과적입니다.

유아기 자녀를 야단친 후 "네 방에 가서 반성해 봐" 하면 아이는 분리 불안을 느끼며, 부모의 사랑을 잃어버릴까봐 두려워하는 감정의 어려움을 겪게 됩니다. 그러나 아이가 초등학교 이상 다니게 되었다면 좀 더 시간을 두고 반성할 기회를 주는 것도 좋습니다.

모든 교정 후에는 사랑의 확신을 다시 한 번 심어주십시오. 이 모든 것이 엄마, 아빠가 너를 사랑하기 때문임을 확인시켜 주십시오. 그 후 아이가 용서를 구해야 하는 경우, 용서를 구하게 지도하고, 뒤처리를 스스로 할 수 있도록 도와주십시오. 이때 아이는 스스로 하나님께 기도 드릴 수 있어야 합니다. 죄를 인정하고 회개하며, 하나님께 용서와 도움을 구하고 감사드려야 합니다. 그리고 다시 상대방과 올바른 관계를 맺어야 합니다.

세 번째, 교정에는 자연적 귀결과 논리적 귀결이 있습니다.

자연적 귀결은 아동기 아이들, 초등학교 다니는 아이들에게 효과적입니다. 이것은 자아가 강한 아이들과 겪는 힘의 갈등을 해소시켜 주고, 긍정적으로 아이들의 자존감을 세워 주는 훈육 방법입니다. 이 방법은 '자연(nature)'이 훈육 과정에 들어오도록 하는 것입니다. 아이들은 자신이 잘못 선택한 결과를 직접 체험함으로써 자연스럽게 자신의 잘못을 깨닫게 됩니다. 쉽게 말해, 실수를 통해 배우는 것입니다.

추운 겨울인데도 짧은 미니스커트에 얇은 블라우스 하나 입고 나가겠다고 아침마다 엄마와 실랑이하는 아이들이 있습니다. 엄마는 "안 돼! 너 감기 걸려. 옷 입어, 옷 입어"라고 소리 지르고, 아이는 떼쓰고 웁니다. 이런 때는 그냥 보내는 게 상책입니다. 그러면 추운 옷 입고 가서 하루 종일 떨게 되고, 다음 날에는 말하지 않아도 자기가 알아서 제대로 껴입고 나갑니다. 엄마가 가르쳐 주지 않아도, 체험을 통해 스스로 깨달은 후 엄마 말을 들어야겠다고 생각합니다.

논리적 귀결은 부모가 아이의 행동에 계획적으로 개입하여, 자연적으로 생기지 말아야 할 결과를 체험하게 하고 자신의 잘못을 깨닫게 하는 방법입니다. 예를 들어, 낙서하지 말라고 했는데 낙서했으면, 다른 소리 하지 말고 "오늘 이것 하루 종일 다 지우도록 해"라고 지시하는 것입니다. 지우개를 가지고 하루 종일 지우다 보면 힘이 듭니다. 그러는 가운데 "아, 내가 다시는 하면 안 되겠구나" 하고 논리적으로 엄마 생각을 받아들이게 됩니다. 자신의 행동에 대한 대가로 힘든 고통을 경험해 봄으로써 부정적 귀결을 맛보게 하는 것입니다.

네 번째, 소멸(무시)이 있습니다.

아이의 잘못된 행위를 무시함으로써 그 행위 자체를 소멸시키는 것을 말합니다. 마트에만 가면 습관적으로 떼쓰고 징징대는 아이들이 있습니다. 그럴 때는 아이의 잘못된 행위를 무시해야 합니다. "네가 그런 식으로 말하면 엄마는 들을 수가 없어. 네가 울음을 그치고 정확히 얘기하면 엄마는 들어줄 거야. 자, 엄마가 저기 벤치에 앉아 있을 테니까 네가 제대로 말할 수 있으면 눈물 닦고 그리로 와"라고 단호히 말하고 그렇게 해야 합니다. 아이 수준에서 같이 소리소리 지르다가 "내가 못 살아. 이번 한 번 만이다" 하면서 사 주면, 계속 그런 일이 반복됩니다. 엄마의 그런 태도가 떼쓰는 습관을 만드는 것입니다.

다섯 번째, 타임아웃(time-out)이 있습니다.

강화, 보상 및 관심을 잠시 멈추는 것을 의미합니다. "네가 생각 좀 해야겠다"면서 생각하는 의자에 앉혀 놓거나, 아무것도 할 수 없는 지루하고 심심한 공간에 아이를 잠시 동안 격리시켜 놓는 것입니다. 혹은, TV 시청과 같은 아이가 좋아하는 것을 당분간 못 하게 하는 것입니다. 아이 스스로 자기가 무엇을 잘못했는지 생각해 볼 수 있습니다.

보상의 효과와 종류

아이들이 잘했을 때는 보상을 해 줘야 합니다.

처음에는 물질로 보상을 해 줍니다. 엄마의 지시를 잘 따르고 순종했을 때 아이스크림이나 아이가 좋아하는 장난감, 게임기, 공, 학용품이나 예쁜 옷을 사 준다든지 용돈을 준다든지 하는 것입니다. 물질적인 보상은 특히 나이가 어릴수록 금방 와 닿습니다.

그런데 아이들이 점점 크면 물질적 보상에서 사회적 보상으로 넘어가야 합니다. 아이들이 다 자랐는데도 계속 물질적으로 보상할 경우, 재정적으로 나중에 감당하기 어렵습니다. 무슨 일을 하든 "이거 하면 뭐 해 줄 건데" 하는 식의 나쁜 버릇이 생기게 됩니다. 이때 필요한 것이 사회적 보상입니다. 사회적 보상에는 미소, 껴안아 주기, 두드려 주기, 관심 갖기, 칭찬하기, 악수하기, 윙크해 주기, 쓰다듬어 주기 등이 있습니다. 아이들을 꼭 껴안아주고 칭찬해 주는 것은 아이들에게 심리적으로 좋은 보상이 됩니다.

아이들이 점점 활동을 필요로 하고 몸이 커 가는 아동기 시절에는 특권을 포함한 활동적 보상을 해야 합니다. 부모님이 함께 놀이공원에 가서 놀아 준다든지, 함께 산책한다든지, 함께 게임을 해 준다든지 하는 활동적 놀이를 하는 것입니다. 그 외에도 엄마와 카드놀이 하기, 아빠와 책 읽어 주기, 만화영화 보기, 친구와 놀기, 친구 집에서 하룻밤 자기, 야구장이나 축구장 가기, 외식하기, 쇼핑하기, 아빠와 공놀이하기, 컴퓨터 게임하기 등이 있습니다.

보상할 때 주의해야 할 점이 있습니다.

약속한 보상은 반드시 지켜야 하며, 보상은 즉시 이루어져야 합니다. 자녀를 조종하기 위한 수단으로 보상을 사용해서는 안 됩니다. 모든 것을 돈이나 물질로 해결해서는 안 됩니다. 작은 일에 큰 보상을 해서는 안 됩니다.

칭찬은 아이의 좋은 성품을 키우는 데 가장 효과적인 방법입니다. 다만, 막연한 말보다는 구체적으로 표현할 때 그 힘이 더욱 커집니다. 칭찬과 격려를 잘하는 부모님은 자녀 교육에 성공합니다. 칭찬은 잘 했을 때 쓰는 것이고, 격려는 잘하지 못했을 때 쓰는 것입니다. 아이들이 잘했을 때는 당연히 칭찬을 합니다. 그러나 실수하고 실패하고 잘못했을 때도 "괜찮아. 엄마는 네가 다음에는 잘 할 줄 믿어" 하며 격려해 준다면 아이들이 큰 힘을 얻을 것입니다. 그런 부모야말로 자녀를 잘 가르치는 부모님입니다.

마틴 루터는 "한 국가의 경쟁력은 재력이나 군사력이나 정치력에 있는 것이 아니고 그 나라의 성품 좋은 국민이 얼마나 있느냐에 달려 있다"고 말했습니다. 가정에서 아이들을 훈계하고 잘 다스리고 가르쳐서 훌륭한 성품의 소유자로 키워 내는 것은 바로 우리가 국가에 공헌하는 길입니다. 우리 가정의 한 아이, 한 아이를 배려하는 성품, 경청하는 성품, 자기를 조절하고 절제하는 성품, 인내하는 성품, 지혜로운 성품으로 잘 양육하면, 이 아이들이 바로 우리나라의 경쟁력이 되고 우리나라에 부흥을 가져다 줄 차세대의 지도자가 될 것입니다. 결국 국가의 미래는 부모님들의 손에 달려 있습니다. 우리 자녀들을 잘 훈계하고 잘 가르칠 수 있도록 하나님께 우리 자녀를 의탁할 수 있길 바랍니다.

  먼저, 하나님 아버지께 그동안 자녀를 잘못 키운 것에 대해 용서를 구하십시오. 잘 몰라서 자녀를 실족케 하고 노엽게 하며 내 생각대로 훈계했던 것에 대해 용서를 구하십시오. 자녀교육을 잘 감당하여, 하나님 나라에 갔을 때 '잘했다' 칭찬받는 부모가 되길 바랍니다. 엄청난 업적을 남기기보다는 먼저 하나님 나라의 백성을 위하여 내게 주신 어린 자녀를 주의 교양과 훈계로 잘 양육하고 왔다고 하나님 앞에 고백할 수 있었으면 좋겠습니다. 오직 가정의 자녀를 성품으로 잘 훈계할 수 있도록, 하나님 주신 지혜로 잘 가르칠 수 있도록, 성령 충만한 부모가 되게 도와달라고 하나님께 의탁하십시오.

창의성으로 결혼 예비하기

창 의 성

모든 생각과 행동을
새로운 방법으로 시도해 보는 것

_좋은나무성품학교 정의

저는 유아교육과 학생들에게 강의할 때, 꼭 만남에 대한 이야기를 하면서 강의의 첫 문을 엽니다. 우리의 삶에서 만남이 얼마나 중요한지 모릅니다. 하나님과 나와의 만남, 배우자와의 만남, 다른 사람들과의 만남……, 실로 만남은 매우 중요한 인생의 과업임에 틀림이 없습니다. 이 만남으로 풍성한 인생을 사는 사람도 있고 이 만남이 잘못되어 인생이 망하는 사람들도 많이 있습니다.

성품으로 결혼을 예비해야 하는 이유

"마른 떡 한 조각만 있고도 화목하는 것이 제육이 집에 가득하고도 다투는 것보다 나으니라"(잠언 17:1)

"누가 현숙한 여인을 찾아 얻겠느냐 그의 값은 진주보다 더 하니라"(잠언31:10)

젊은 사람들을 보면 어떻게 결혼을 준비해야 하는지 꼭 이야기해 주고 싶어집니다. 결혼 준비에 대한 조언으로 종종 3R을 이야기하곤 했는데 "Right Time, Right Way, Right Person" 즉 올바른 때에, 올바른 방법으로, 올바른 사람을 만날 수 있기를 일찍부터 기도하며 준비하는 것입니다.

보람을 느낄 때는, 개강 시간에 들었던 강의를 평생 잊지 않고 결혼을 준비하는 옛 제자들을 만날 때나, 혹은 성공적으로 결혼하여 행복한 결혼생활을 하는 제자가 찾아와서 그 강의를 들은 후 3R을 놓고 기도하면서 배우자를 만났다고 고백하는 모습을 볼 때입니다.

제가 '성품으로 결혼 예비하기'를 꼭 강의하고 싶은 이유는 오늘날 수많은 결혼이 쉽게 깨지고 있기 때문입니다. 하나님이 원하시는 가정의 화목은 간데없고, 결혼을 존귀하게 여기지 않을뿐더러 신혼여행 가다가 이혼하는 시대가 되어 버렸습니다. 이제는 성품으로 결혼을 준비해야 합니다. 뭔가 변화가 필요하다는 생각으로 성품으로 결혼을 예비하는 내용을 이 책 속에 넣기로 결심했습니다.

창의성이 필요한 결혼

성품을 다하여 자녀의 결혼을 예비하기 위해서는 창의성의 성품이 필요합니다.

"남들은 결혼 혼수를 이렇게 준비한다."

혼수 때문에 결혼이 깨지는 사례가 참 많습니다. 어떤 스타는 결혼한 지 12일 만에 혼수 문제로 싸우고 이혼하기도 합니다. 결혼 준비는 혼수에 있는 것이 아닙니다. 이 세상에 단 하나뿐인 나만의 창의성 있는 결혼 준비가 절실히 필요한 시대입니다.

창의성이란 '모든 생각과 행동을 새로운 방법으로 시도해 보는 것(좋은나무성품학교 정의)'입니다. 많은 어머니들이 창의성 교육을 강조하면서 자기 아이에게 창의력을 심어 주려고 얼마나 혈안이 되어 있는지 모릅니다. 창의성 하면 아무것도 없는 데서 뭔가를 만들어 내는 것인 줄로 알고, 창의성 교육을 위해 학원에 보내려고 합니다. 그런데 사실 무에서 유를 만들 수 있는 존재는 오직 한 분, 창조주 하나님 밖에는 없습니다. 우리는 하나님의 창조성을 덧입어 창의성을 갖고 사는 것입니다. 모든 것들을 다른 각도로 새롭게 시도해 보는 능력이 바로 창의성입니다. 남들은 이렇게 살아도 무조건 따라하지 않으며, 다르게 살아 보려고 시도하는 것입니다.

오늘날 자녀 교육 세태를 보면, 정말 이렇게 창의성이 절실한 시대도 없을 것입니다. 다들 앞만 보고 1등을 놓고 싸우면, 우리 아이는 언제나 2등 아니면 꼴등입니다. 언제나 우리 아이는 열등합니다. 비교하게 되고 조급해집니다.

여기서 조금만 창의성을 발휘하여 각도를 다르게 생각해 보십시오. 왜 꼭 앞에서부터만 1등이 되는 것입니까? 뒤로 돌아 1등할 수도 있고, 옆으로 우향우해서 1등할 수도 있고, 좌향좌해서 1등할 수도 있는 것 아닙니까? "옆집 애는 1등 했다는데 너는 뭐냐?" 하면서 그 집 애가 무슨 학원 다니는지 이집 저집 전화 걸어 물어보고 있지는 않습니까? 이제 뺑뺑 돌리기식 수업은 그만하고, 창의성 있게 부모님들이 자녀에게 맞는 교육을 다시 시작해야 합니다.

21세기는 가치의 다변화 시대입니다. 다양성을 중시합니다. 남들과 똑같이 살아야 할 이유가 하나도 없습니다. "남들은 그렇게 살아? 그렇게 살라고 그래. 우리는 이렇게 살 거야" 하는 것이 21세기의 새로운 취향입니다. 그런데 아직도 남들이 하는 대로 다 따라가려 하고, 거기서 허덕거리며 열등감에서 헤어 나오지 못하는 가정들이 있습니다. 어서 거기서 벗어나, 하나님이 주신 창의성으로 가정을 다시 세워야 합니다.

성품법칙 ⑩ 창의성의 법칙

> **성품법칙 ⑩ 창의성의 'T.T' 법칙**
>
> T: Trying different ways
>
> T: Trying new ideas
>
> 다른 방법으로 시도하기, 새롭게 시도하기

 창의성이란, 모든 생각과 행동을 새로운 방법으로 시도해 보는 것(좋은나무성품학교 정의)입니다. 이것을 영어로 표현하면 더 간결하고 쉽게 다가옵니다. Trying different ways! Trying new ideas! 다른 방법으로 시도하고, 새롭게 시도하는 것입니다.

 보통 사람들은 익숙한 환경을 편안해 하고, 습관대로 살기를 좋아합니다. 그러나 창의성이 있는 사람들은 새롭게 시도하는 것을 두려워하지 않습니다. 새로운 생각을 시도했던 사람들 덕분에 인류는 많은 과학적, 문화적 발전을 이룰 수 있었습니다.

 대부분 '창의성'을 어렵다고 생각하지만, 창의성은 일상생활 속의 문제와 갈등을 피하거나, 포기하는 것이 아니라 희망의 생각을 떠올려 새롭게 시도해 보려는 노력입니다. 부정적이거나 익숙한 환경에 무조건

적응하는 것보다는 창의성의 'T.T' 법칙을 떠올려 새롭게 시도해 보세요. 이것이 창의성의 시작입니다.

창의성의 동물 - 거미

창의성의 동물로 저는 거미를 듭니다. 거미는 창의성 있는 동물입니다. 거미는 거의 매일 집을 새로 만듭니다. 이전의 거미줄은 모두 먹어 치워서 깨끗하게 없앱니다.

거미가 집을 짓는 순서는 창의적이랍니다. 맨 처음 거미는 집을 짓기 위해 기본이 되는 틀을 만듭니다. 그리고 가로줄을 완성한 후, 달팽이 모양으로 점점 공간을 좁혀 들어갑니다. 먼저 만들었던 틀은 끈끈하지 않아서 거미는 그 곳을 밟으면서 먹이를 잡으러 다니기도 합니다. 거미는 참 다양하게 거미줄을 내립니다. 거미가 짓는 수많은 집들 가운데 똑같은 집은 하나도 없습니다. 이것이 바로 거미가 우리에게 가르치는 창의성입니다.

왜 우리는 남들하고 다르면 마음이 불안한 것입니까? 다른 사람이 그렇게 산다고 꼭 따라가야 하는 이유가 어디 있습니까? 거미처럼 우리만의 특성이 있어야 하지 않겠습니까? 거미가 만드는 거미줄 가운데 똑같은 게 하나도 없는 것처럼, 똑같은 결혼은 하나도 없음을 알고 나만의 독특한 창의성으로 결혼을 준비하자는 것이 제가 강조하고 싶은 말입니다. 다시 한 번 말합니다. 똑같은 결혼은 없습니다. 그러므로 우리 자녀만의 독특한 창의성으로 결혼을 예비해야 합니다.

결혼의 목표 정하기

하나님 아버지께서 원하시는 결혼 준비는 어쩌면 각각의 독특성이 아닐까 하는 생각이 듭니다. 왜냐하면 하나님이 우리를 만드실 때 개개인을 독특하게, 톡톡 튀게 만드셨기 때문입니다. 하나님의 창조하심이 얼마나 신묘막측한지 똑같은 사람이 하나도 없습니다. 모두 다릅니다. 그렇게 지으신 하나님의 창조성에 걸맞게, 새로운 각도로 우리의 삶을 바라볼 수 있도록 창의성으로 결혼에 대해 새로운 목표를 정해야 합니다.

새로운 목표란, 하나님이 원하시는 행복한 결혼을 하겠다는 목표(잠언 17:1), 하나님이 주시는 배우자와 결혼하겠다는 목표(잠언 19:14), 좀 늦더라도 하나님이 주신 사람을 찾겠다는 목표, 곧 어려워도 고난을 극복하여 보석 같은 배우자를 찾아 결혼하겠다는 목표(잠언 31:10)를 말합니다.

미국에서 공부하는 큰아들에게 어느 날 전화가 왔습니다.

"엄마, 저 여자 친구 사귀어도 돼요?"

아닌 밤중에 홍두깨로 눈 뜨자마자 새벽에 전화를 건 아들이 그렇게 물었습니다.

"너 지금 몇 살이지?"

"저 23살이요."

"그래. 넌 언제가 연애 적령기라고 생각하니?"

"25살이요? 26살이요? 27살이요. 조금 더 있다가 하라고요?"

혼자서 막 얘기를 하기에 제가 "나이가 중요한 게 아니라, 그 연애가 성공하지 못하더라도 하나님이 주신 기준을 벗어나지 않겠다고 결심할 수 있고, 연애는 포기할지언정 하나님은 포기하지 않겠다는 결심이 서면 연애해도 되는 나이야"라고 해주었더니 "엄마, 저는 충분해요" 하면서 여자 친구를 사귀기 시작하더군요. 결국 나중에 깨졌지만 말입니다.

저는 제 아이들에게 먼저 결혼 대상을 놓고 기도하게 했습니다. 젊은이들이 결혼을 놓고 기도를 너무 안 합니다. 이것은 부모들의 몫입니다. 부모들은 아이가 태어나는 순간부터 그 아이의 배우자를 놓고 기도하셔야 합니다. 어떤 어머니가 아들을 낳고 아들의 장래 배우자를 위해 꾸준히 기도했습니다. "하나님, 사랑스럽고 ~한 여인을 찾게 해주세요" 하고 번호를 매겨서 소망하는 바 10가지를 적어 놓고 기도했답니다. 그리곤 그 종이를 성경 책갈피 속에 끼워 놓았습니다. 어느덧 세월은 흘러 그 아들이 결혼했는데, 우연히 그 쪽지를 찾게 되었습니다. 그런데 놀랍게도 그 기도한 제목 모두가 다 이루어졌음은 물론, 보너스로 며느리가 요리까지 잘하더랍니다. "요리 잘하는 여인을 주세요"라고는 기도 안 했는데도 말입니다.

믿음이란, 보이지 않는 것을 보는 것처럼 믿는 것입니다. 우리가 기도하면 그것이 쌓여 자녀들에게 그대로 이루어지게 됩니다. 우리는 "하나님, 우리 자녀가 이런 배우자를 만나게 해 주세요. 믿음의 반석 위에 가정을 세우게 해 주세요" 하고 자녀의 가정을 놓고 기도해야 합니다. 왜냐하면 사탄이 우는 사자와 같이 가정을 깨뜨리려고 혈안이 되어 있기 때문입니다. 문화를 점령한 사탄은 가정마저 점령해서 깨뜨리려고 작정했습니다. 그러므로 사탄의 계략을 경계해야 합니다.

오늘날 가정이 깨져 마음을 상실한 채 이리저리 방황하며 사는 사람들이 너무나 많습니다. 자녀들에게 목표를 세워 결혼을 준비시켜 주는 것보다 부모로서 해야 할 더 중요한 일은 없습니다. 매일매일 기도해 주어야 합니다. 눈만 뜨면 자녀가 공부 잘하게 해 달라는 기도보다 더 우선해야 할 것이, 배우자 잘 만나게 해 달라는 기도입니다.

결혼 대상을 위한 기도 - 3R

Right Time, Right Way, Right Person.

가장 올바른 때에, 가장 올바른 방법으로, 가장 올바른 사람을 만나게 해 달라는 기도가 3R입니다.

자녀에게 이렇게 3R을 가르쳐 주세요. "네가 구체적으로 결혼 상대를 놓고 기도하기는 참 어렵겠지만 엄마가 가르쳐 준 대로 기도해라. Right time, Right way, Right person!!" 올바른 때에, 올바른 방법으로, 하나님이 주신 올바른 사람을 만나게 해 달라는 기도를 지금부터 시작하라고 가르쳐 주셔야 합니다.

저는 이 3R 기도를 17세 때부터 시작했습니다. 제가 예수님을 만날 수 있게 해준, 대학생이었던 저의 영적인 언니가 하루는 저를 불러 앉혀 놓고 3R을 가르쳐 주었습니다. 그때는 매우 생소하고 이상했지만 그것이 오늘날 제가 젊은이들에게 가르치는 3R이 됐습니다. 저는 그 기도의 도움을 매우 많이 받았습니다. 제가 기도한 대로 다 받았기 때문입니다.

결혼을 예비할 때, 먼저 마음의 소원을 놓고 기도부터 시작해야 합니다. 저는 예수님을 만나고 나서 하나님께서 제 마음의 소원에 관심을 가져 주신다는 것이 그렇게 좋을 수가 없었습니다. 하나님을 만나기 전 저는 하나님이 무섭기만 한 분인 줄 알았습니다. 하나님을 만나면 내 소원과는 상관없이 하나님께서 가자는 대로 무작정 따라가야 하는 줄 알았습니다. 하지만 직접 경험해 보니 하나님은 너무나 인격적이시고 제 소원에 관심이 많은 분이셨습니다. 그렇기 때문에 "이런 결혼을 하고 싶어요. 이런 사람 만나고 싶어요"라는 소원을 놓고 기도하는 것이 너무나 중요합니다.

> "또 여호와를 기뻐하라 그가 네 마음의 소원을 네게 이루어 주시리로다 네 길을 여호와께 맡기라 그를 의지하면 그가 이루시고 네 의를 빛 같이 나타내시며 네 공의를 정오의 빛 같이 하시리로다 여호와 앞에 잠잠하고 참고 기다리라 자기 길이 형통하며 악한 꾀를 이루는 자 때문에 불평하지 말지어다" (시편 37:4-7)

때로는 결혼이 늦어질 수도 있습니다. 그렇더라도 불평하지 마십시오. 참고 기다리면 하나님께서 꼭 그분의 때에 이루어 주십니다. 우리가 소원을 놓고 계속 아뢰면 하나님은 우리 마음속의 소원을 계속 키워 주십니다. 구체적으로 3R을 놓고 기도할수록, 구체적으로 어떤 사람이면 좋겠다는 생각이 자꾸자꾸 났습니다. 처음에는 기도 제목을 적게 하다가 점점 구체화시켜야 합니다. 비전을 계속 키워 나가듯 결혼에 대한 우리의 소원도 키워 나가야 합니다.

알짜배기 연애

요즘 젊은이에게는 올바른 데이트라는 게 없습니다. 만나서 필(feel)이 꽂히면 곧바로 모텔 가고, 모텔에 갈 돈이 아까우면 동거합니다. 물론 모두 그러는 것은 아니지만, 대학가에서 자취한답시고 둘이 동거하는 이들이 그렇게 많을 수가 없습니다. 동거하다가 아무 거리낌 없이 쉽게 헤어지는 것이 오늘날 이 시대를 살아가는 젊은이들에게 엄청난 유혹이고 걸림돌입니다. 그렇기 때문에 올바른 데이트가 무엇인지, 올바른 결혼관이 무엇인지 가르쳐 줘야 합니다. '때가 되면 결혼하겠지'하고 방관해서는 안 됩니다. 그런데 이것을 가르치는 사람이 없습니다.

하나님께서는 결혼을 통해 그분의 뜻을 이 땅에 펼치십니다. 하나님 아버지는 가정을 통해 천국의 모형을 이루어 가길 원하시는 것입니다. 그런데 자꾸 결혼이 흔들리고 가정이 흔들립니다. 데이트할 때부터 올바른 자녀 교육관을 공동으로 구축해야 합니다.

저는 남편과 7년 동안 아주 성경적이고 모범적인 연애를 했습니다. 만나면 기도 제목 나누고, 모 선교기관에서 나오는 방식대로 결혼을 준비했습니다. 하지만 자녀 교육관에 대해서는 깊이 있게 나누지 못했습니다. 그 결과 첫아이를 기르는 데 심한 시행착오를 겪었습니다.

"매를 아끼는 자는 그의 자식을 미워함이라 자식을 사랑하는 자는 근실히 징계하느니라"(잠언 13:24)

남편이 매를 얼마나 잘 활용하는지 아이가 조금만 실수해도 인정사정없이 때렸습니다. 저는 너무나 당황했고 이로 인해 굉장히 갈등이 심했습니다. 첫 애를 낳기 전 아니 결혼하기 전부터 우리 부부는 한 가지 약속을 했는데 아빠가 야단치면 엄마가 잠잠히 있고, 엄마가 야단치면 아빠가 가만히 있기로 한 것입니다. 그런데 어느 날 남편이 "너 그거 잘못하면 백 대 때린다" 하고 말하더니 정말 아들이 잘못했을 때 백 대를 때리는 것이 아닙니까. 하지만 전 약속을 한 탓에, 달려들어 말리지도 못 하고 부엌 바닥에 엎드려 울면서 정말 진지하게 하나님의 훈계 방법을 여쭈었습니다.

"하나님, 어떤 것이 정말 하나님 마음입니까? 부모가 사랑하는 자녀를 꼭 이렇게 때리는 것이 하나님의 방법입니까?"

결국 아이에게 이것이 한이 됐습니다. 아주 큰 상처가 된 거지요. 아이가 고등학교에 들어서자 마침내 폭발하고 말았습니다. 아이는 저에게 따지면서 원망했습니다.

"난 그때 아빠가 나를 죽이려고 하는 줄 알았어. 내가 아빠보다 힘이 더 커지면 아빠를 죽여버리겠다고 결심했어! 그런데 엄마는 그때 뭐 했어? 내가 백 대나 맞고 있을 동안 엄마는 어디 가 있었어?"

사실 이 사건은 우리 집에 커다란 변화를 가져온 계기가 되었습니다. 진실로 하나님께서 원하시는 훈계가 무엇일까 고민하게 되었고, 이렇게 해서 나온 책이 《성품훈계법》입니다. 제가 눈물로 쓴 책입니다. 하나님 아버지가 진짜 때리기를 원하시는 걸까? 매를 안 들면 자식을 미워하는 걸까?

그런데 성경에서 보는 하나님은 '깊이 인내하고 깊이 사랑하고 깊이 기다리시는 아버지'였습니다. 남편도 아들의 말에 충격을 받아, 성경에 있는 아버지상을 찾아 헤매며 성경을 다시 읽기 시작했습니다. 기다리시는 아버지, 인내하시는 아버지의 모습을 보며 아버지상을 다시 세워 갔고 부모 자식 관계가 회복됐습니다. 바로 이런 만만치 않은 일이 결혼 후에 기다리고 있기 때문에, 데이트 기간에 자녀 교육관에 대한 바른 지식을 갖고 함께 구축하는 일이 굉장히 중요합니다.

저는 성품 훈련이 곧 결혼을 위한 준비라고 생각합니다. 성품 훈련이 안 돼서 결혼 후에 심히 어렵게 살아가는 커플들이 얼마나 많은지 모릅니다. 결혼을 위한 준비에는 성품 훈련뿐 아니라 서로의 기질을 알고, 건강을 단련하고, 결혼에 대한 지식을 쌓고, 서로의 비전을 이해하는 것도 포함됩니다. 결혼은 또 다른 비전입니다. 아니, 하나님 비전의 확장입니다. 결혼을 통해서 하나님의 비전이 확장되는 것입니다. 그래서 배우자를 잘 선택해야 합니다.

소유하지 않는 사랑의 경지

사랑은 너무나 귀한 것이기에 그 어떤 사랑이라도 지켜야 합니다. 영원한 사랑은 서로 존중하는 사랑입니다. 이와 관련된 아주 아름답지만 슬픈 이야기를 들려드리겠습니다.

거미와 풀잎의 사랑

어느 날 거미는 이슬을 사랑하게 되었습니다.
영롱한 빛을 내며 맺혀 있는 이슬의 모습이 너무나 신비하고 아름다웠습니다. 거미는 이슬에게 사랑해도 되겠냐고 물었습니다. 이슬은 단 한 가지의 약속을 지키면 사랑할 수 있다고 말했습니다. 그것은 "어떤 일이 있어도 자신을 안지 않는 것"이었습니다. 이 약속을 지키면 서로 사랑해도 된다고 했습니다.

거미는 단단히 약속했고, 그들은 서로를 사랑하게 되었습니다. 날마다 쳐다만 보아도 둘은 너무나 좋았습니다. 함께만 있어도 온 세상이 핑크빛으로 물드는 것 같았고 나비가 사방에 날아다니는 것 같았습니다.

그렇게 쳐다만 보아도 좋았던 어느 날, 거미는 너무나 아름다운 이슬을 안고 싶어 견딜 수가 없었습니다. 그래서 한 번만 안게 해달라고 이슬에게 사정했습니다.

괴로워하던 이슬은 슬픈 얼굴을 하면서 고심 끝에 말했습니다. 한 가지만 약속하면 안아도 된다고 말입니다. 거미는 그 약속을 꼭 지키겠노라고 이야기합니다. 이슬은 절대로 후회하지 않겠다는 약속을 하면 안아도 된다고 말했습니다.

거미는 약속을 했고 그렇게도 사랑하던 이슬을 품에 안았습니다. 그 순간……,

이슬의 몸은 사라지고 말았답니다.

우리의 사랑은 그 사랑을 소유하고 싶어질 때 깨집니다. 참으로 아름답게 시작했던 그 사랑이 나의 욕심 때문에, 그리고 그 사람을 존중해 주지 못한 것 때문에 안타깝게도 허무하게 우리 눈앞에서 사라져 버리는 경우를 자주 보게 됩니다.

진짜 사랑은, 사랑하는 사람이 그 사랑 때문에 성장하는 것입니다. 상대방을 구속하거나 소유하는 것이 아니라 그 사람을 더 아름답게 성장시키는 것입니다. 그 사람의 자아가 더 실현되고 그 사람이 더 성숙해질 수 있도록 돕는 것이 사랑입니다.

그런데 많은 사람들이 아름답게 사랑을 시작했다가도 어느새 욕심 때문에, 내 스타일에 맞춰 주지 않는다고 짜증을 내고, 상대방의 모습을 있는 그대로 받아들이지 못하고 변화시키려고 애쓰다가, 사랑이 눈앞에서 사라져 버리는 것을 경험합니다.

하나님은 우리에게 거미를 통해서 창의성을 보여 주셨습니다. 옆에 있는 사람의 사랑과 똑같지 않다고 낙심할 필요가 없습니다. 비교하거나 열등감에 시달릴 필요도 없습니다. 하나님이 지어 주신 내 집을 기대하면서 나만의 독특한 방식으로 결혼을 예비하는 것이 하나님 아버지의 뜻이라고 생각합니다.

하나님 아버지는 나를 만드셨기 때문에 이 세상 누구보다도 나를 가장 잘 아십니다. 내가 어떤 사람을 만나야 함께 잘 살 수 있는지 가장 잘 아시는 분이시기도 합니다. 결혼 문제를 하나님께 의탁함으로 창의적인 결혼을 준비하시기 바랍니다.

짧은 묵상 긴 행복

성품으로 자녀 사랑하기

1 내 자녀가 나에게 순종했으면 하는 바람들을 적어보세요. 자녀가 순종할 수 있도록 내가 도울 수 있는 방법을 찾아보세요.

2 창의성의 성품으로, 자녀에게 향했던 두려움과 좌절의 마음을 희망으로 바꾸어 표현해 보세요.

※ 결혼을 예비하는 분을 위한 묵상 ※

3 내가 생각하는 가정은 어떤 것인가요? 나의 가정관을 정립해 보고 나눠보세요.

4 내가 생각하는 이상적인 결혼 또는 배우자상은 무엇인가요?

5 내가 갖고 있는 결혼관에 대해 창의성을 활용하여 짧은 글로 표현해 보세요.

6 내가 생각하는 진정한 사랑이란 어떤 것일까요? 내가 아내, 남편이 된다면 어떤 배우자가 되고 싶나요?

자녀의 결혼을 예비하는 부모를 위한 묵상

7 결혼에 대한 명언이나 속담을 알고 있다면 자녀와 함께 나눠 보세요. 그 속에 담긴 의미들을 함께 이야기해 보세요.

> - 결혼이란 책임 있는 사랑과 회개와 용서의 교제에 대한 언약이다.
>
>   - 웨인 오우츠
>
> - 결혼이란 하나님 앞에서 그리스도 안에 있는 두 남녀가 전 생애를 함께하기로 전 인격을 드려 언약하는 전적 헌신을 의미한다.
>
>   - 노만 라이트
>
> - 결혼이란 성숙한 남녀가 만나 성숙한 가정을 만드는 과정이다.
>
>   - 작자 미상
>
> - 세상에서 가장 아름다운 자연의 모습은 피어나는 꽃들이다. 세상에서 가장 아름다운 사람의 모습은 사랑하는 연인과 결혼식을 올리고 처음 신혼행진을 하는 모습이다. 하지만 이보다 더 아름다운 모습이 있다. 그것은 결혼 후 부부가 온전히 하나로 연합되어 가는 것이다.
>
>   - 작자 미상

8   내 자녀의 배우자는 어떤 사람이면 좋을지 생각해 보세요.

9   부모로서 내 자녀가 창의적인 결혼관을 확립할 수 있도록 어떤 조언이
    나 제안을 할 수 있을지 적어보세요.

10 내 자녀의 배우자를 위한 기도 제목 10가지를 적어 보세요.

"배려하면, 나만 손해보는 거라는 생각이 자꾸 든다."
"어떻게 해야 하나님의 마음을 알 수 있을까?"

: 여섯 번째 여행

성품으로 세상을 향해 나아가기

이웃을
내 몸과 같이
사랑한다는 것

배려

나와 다른 사람 그리고 환경에 대하여
사랑과 관심을 갖고 잘 관찰하여 보살펴 주는 것

_좋은나무성품학교 정의

지금까지 성품에 대한 공부를 했습니다. 우리가 성품을 배워야 하는 이유는 몸에 밴 그 성품들을 가지고 우리가 나가야 할 곳이 바로 이 세상이기 때문입니다. 거기서 우리는 이웃들에게 우리 삶을 몸소 보여 주어야 합니다. 그것을 생각하면 사실 마음이 무거워지기도 합니다. 우리는 세상을 그냥 살아가는 사람들이 아닙니다. 세상의 빛과 소금입니다. 빛은 숨겨지지 않고 등경 위에서 사람들을 비추는데(마태복음 5:14-15), 살다 보면 우리는 자신의 모습이 심히 부끄러워 몸 둘 바를 모를 때가 참 많습니다. 또 세상의 소금이면서도 맛을 잃어버리면 버려져서 밟힐 뿐이라는 말씀처럼, 우리의 신앙이 성품의 열매로 이어지지 못할 때 이웃이 우리를 가리켜 "저렇게 사는 걸 보니, 나는 믿지 않겠어"라고 한다면 얼마나 낙심이 되겠습니까?

그래서 세상에 영향을 끼치는 크리스천이 되기 위해 성품을 다하여 이웃 사랑하기를 함께 생각해 보면서, 어떻게 세상을 살아야 할까 고민해 보려 합니다. 또 우리 아이들도 좋은 성품으로 이 세상을 향해 어떻게 준비시켜야 할지 생각해 보도록 하겠습니다.

하나님이 우리에게 주신 새 계명

하나님께서는 우리에게 새로운 계명을 주셨습니다. 그것이 바로 신약의 새로운 쉐마입니다.

"네 이웃을 네 자신 같이 사랑하라 하셨으니"(마태복음 22:39).

네 이웃을 그냥 사랑하라고 말씀하지 않으시고, 네 자신과 같이 사랑하라고 하셨습니다. 여기에서 우리가 첫 번째로 사랑해야 할 대상은 바로 나 자신임을 알 수 있습니다. 나 자신을 사랑하지 못하면 다른 사람을 사랑할 수 없고, 나 자신을 기뻐하지 않는다면 다른 사람을 기뻐할 수 없습니다. 하나님은 그 원리를 참으로 잘 알고 계십니다. 그래서 우리에게 네 몸과 같이 이웃을 사랑하라고 말씀하신 것입니다.

먼저 이웃을 사랑하기 위해서는 나를 사랑하는 법을 배워야 합니다.

많은 크리스천들이 나 자신을 사랑하지 못하기 때문에 진정한 마음으로 다른 사람을 사랑하지 못하는 경우가 참 많이 있습니다. 한 번, 나 자신이 스스로를 얼마나 사랑하는지 생각해 보세요. 자신을 위해 얼마나 투자하는지 생각해 보세요. 바로 그 점 때문에 많은 믿지 않는 사람들이 크리스천의 모습에 매력을 느끼지 못한다는 것을 아십니까?

저는 17세 때 예수님을 영접했습니다. 물론 그 이전에도 독실한 기독교 가정에서 태어났기 때문에 아주 어릴 적부터 교회에 나가며 교인들 속에서 지냈습니다. 그런데 사춘기로 접어들면서 제 맘속에 아주 큰 갈등이 생겼습니다. 크리스천의 삶에 전혀 매력을 느끼지 못했던 것입니다. 그들은 모이면 울고, 금식이 자랑이고, 화장도 안 하고 멋도 안 부리고, 날마다 이 세상과 나는 간 곳 없으며, 세상을 초개와 같이 버린다고 노래했기 때문입니다. 저 또한 이 세상을 참 하찮게 보고, 고난과 고행을 저 혼자 다 짊어진 것처럼 슬프게 세상을 살고 있었습니다.

저는 하나님을 사랑했지만 그런 모습들이 참 싫었고 나도 그렇게 살아야 한다는 것이 부담스러웠습니다. 하나님을 잘 믿는 사람처럼 살려면 무척 힘들 것 같았습니다. 하나님을 사랑하는 삶이 자신을 포기하는 삶으로 보여 어떻게 살아야 하나 고민하기 시작했습니다.

그런데 말씀을 통해 점점 더 깊이 만나 본 하나님은 너무도 인격적이셔서, 내 안에 소망을 두시고 내 생각과 소원에 관심을 기울이는 분이셨습니다. 하나님께서는 우리 각자가 빛과 같이 참으로 풍성하게 살기 원하신다는 것도 알게 되었습니다. 그것이 제게는 굉장한 깨달음이었습니다. 크리스천의 삶은 모든 것을 다 버리고, 멋도 부리지 않고 공부도 하지 말아야 하고, 내 야망은 다 버리고 오직 비참한 고행자와 순례자가 되어, 그 당시 유행하는 흰 저고리와 검은 치마에 고무신을 신고 성경책을 옆에 끼고 머리를 질끈 묶고 사는 것이라 생각했기 때문입니다.

그런데 특별히 이 말씀을 보면서 제 생각이 틀렸음을 깨닫게 되었습니다.

"또 여호와를 기뻐하라 그가 네 마음의 소원을 네게 이루어 주시리로다"(시편 37:4).

이 말씀을 접하고 얼마나 놀랐는지 모릅니다. 하나님을 믿는 것은 소원을 버리는 것인 줄 알았는데 하나님이 내 소원을 들어 주신다니……

"네 길을 여호와께 맡기라 그를 의지하면 그가 이루시고 네 의를 빛 같이 나타내시며 네 공의를 정오의 빛 같이 하시리로다"(시편 37:5-6).

하나님이 우리를 빛 중에 가장 빛나는 정오의 빛같이 하시리라는 말씀에 저는 깜짝 놀랐습니다. 또한 하나님께서 예수 그리스도를 보내신 목적이 "양으로 생명을 얻게 하고 더 풍성히 얻게 하려는 것"(요한복음 10:10)임을 깨닫게 되었습니다. 우리에게 생명을 주실 뿐만 아니라 더 풍성한 삶을 살기를 원하시기 때문에 예수 그리스도가 이 땅에 오셨다는 사실은 그야말로 일생일대의 대발견이었습니다.

이런 사랑을 받은 자로서 우리에게는 성품으로 이웃을 사랑할 힘이 있는 것입니다. 내 자신이 얼마나 존귀한지를 깨닫게 되면, 내가 귀중한 만큼 다른 사람도 귀중하다는 것을 알게 됩니다. 그때에야 비로소 네 이웃을 네 몸과 같이 사랑하라는 하나님의 말씀이 무슨 뜻인지 알게 됩니다.

배려와 존중

하나님은 이제 예수 그리스도께 생명의 삶을 받은 사람들이 이 땅에서 어떻게 마지막 시대를 살아가야 하는지 말씀하고 계십니다. 이웃을 내 몸과 같이 사랑하기 위해서는 어떤 것들이 필요할까요?

저는 그것이 바로 배려와 존중이라고 생각합니다. 우리가 세상의 빛과 소금으로서, 하나님의 자녀로서 이웃들과 살아갈 때 반드시 필요한 성품이 배려와 존중입니다. 우리가 이웃을 배려하고 존중하는 모습을 보여줄 때 그들은 우리를 가리켜 진짜 크리스천이라고 부르며 감동받을 것입니다.

배려란 무엇입니까? 배려는 '나와 다른 사람 그리고 환경에 대하여 사랑과 관심을 갖고 잘 관찰하여 보살펴 주는 것(좋은나무성품학교 정의)'입니다.

존중은 '나와 상대방을 공손하고 소중하게 대함으로 그 가치를 인정하며 높여 주는 태도(좋은나무성품학교 정의)'입니다.

우리가 배려하고 존중해야 할 대상은 나와 내 이웃은 물론 환경도 포함됩니다. 하나님께서는 "생육하고 번성하여 땅에 충만하라"(창세기 1:28)고 하신 대로 이 땅을 우리에게 맡기시고 환경을 다스릴 만물의 영장으로 우리를 세우셨습니다. 그러므로 우리는 스스로를 보살펴야 하고 내 이웃을 보살펴 주어야 함은 물론 환경도 보살펴 주어야 합니다. 이것이 바로 크리스천의 삶입니다.

성품법칙 ⑪ 배려의 법칙

> **성품법칙 ⑪ 배려의 법칙 "내가 만약 누구라면"**
> "내가 만약 ~라면 ~해주면 ~하겠지?"

배려란, 나와 다른 사람 그리고 환경에 대하여 사랑과 관심을 갖고 잘 관찰하여 보살펴 주는 것(좋은나무성품학교 정의)입니다. 배려를 다르게 표현한다면 'Giving love and attention'입니다. 다른 사람에게 사랑과 관심을 주는 것이 배려입니다. 이때 내가 하고 싶은 대로 사랑과 관심을 베푸는 것이 아니라, 다른 사람의 입장에 서서 '내가 만약 ~라면, ~해주면 ~하겠지?'라고 생각하는 것이 배려의 법칙입니다.

무거운 짐을 들고 가시는 엄마를 보며, '내가 만약 엄마라면 무거운 짐을 나눠 들면 기뻐하시겠지?' 생각하고 "엄마! 그 짐 하나 저 주세요. 제가 들어 드릴게요."라고 말하는 것이지요. 배려는 다른 사람의 입장에 서서 사랑과 관심을 표현하는 것입니다.

배려의 태도 연습

배려의 태도를 기르기 위해서는 연습이 필요합니다.

> 첫째, 모든 상황을 사랑과 관심을 갖고 잘 관찰해 보는 연습을 합니다.
> 둘째, 다른 사람의 입장에서 생각해 봅니다.
> 셋째, 다른 사람에게 필요한 것이 무엇인지 결정합니다.
> 넷째, 구체적인 행동이나 말, 태도로 보살펴 줍니다.
> 다섯째, 배려의 법칙을 생각해 보고 실천합니다.

배려의 유익

배려를 하면 여러 가지 유익이 있습니다.

첫째, 배려의 성품을 가진 사람은 관찰력을 얻게 됩니다. 그래서 아주 영감 있는 사람이 됩니다. 얼굴만 척 봐도 "어디 아프세요?"라고 묻고, "요즘 마음이 힘드시군요" 하고 진단하는 경지에까지 이르게 되니 말입니다. 그러면 상대방은 가슴이 뜨끔해서 '아, 저 사람한테는 꼼짝을 못하겠어', '어떻게 얼굴만 봐도 잘 알까' 하며 놀라게 됩니다.

영적으로 신령하지 않아도 우리에게 배려하는 마음이 있으면, 이런 일은 가능합니다. 뭔가 도울 일이 있을까 생각하면서 상대방을 관찰하고 사람들에게 다가가다 보면 그런 것들이 보이는 것입니다. 일찍부터 아이들에게 배려하는 성품을 키워 주면 아이들의 관찰력이 뛰어나게 됩니다. 세상을 정확하게 볼 수 있고, 사람의 마음을 얻어 낼 수 있으며 여러 가지 상황에 어떻게 대처해야 하는지 아는 능력을 갖게 됩니다. 이것은 사회에서 아주 필요한 능력입니다. 다가오는 시대에는 영성 있는 사람이 지도자가 될 것입니다. 어린 시절부터 사람에 대한 관찰력을 갖춘 아이라면 영성 있는 사람으로 자랄 것입니다.

둘째, 관찰력을 갖추게 되면 자신감을 얻습니다.

자신감이 없는 사람들은 무엇을 해야 할지 모를 때 안절부절합니다. 아이들도 마찬가지입니다. 반면, 관찰하면서 '아, 무엇이 필요하겠구나' 하고 적용할 줄 아는 아이들은 자신감이 있습니다. 이러한 아이들은 아직 어리지만 성숙한 모습을 보여줍니다. 배려하는 사람에게는 배려하는 친구들이 모이게 됩니다. 배려하는 아이는 좋은 친구들을 얻게 됩니다. 다른 사람을 소중히 여기는 마음도 생깁니다. 자신에게 배려 받은 사람들이 기뻐하는 모습을 보면서 자신도 기뻐합니다.

이런 여러 유익들을 볼 때 저는 배려의 성품이야말로, 만물의 영장으로서 이 땅에서 책임을 지고 살아가야 하는 크리스천이 꼭 갖추어야 할 성품이 아닌가 생각하게 됩니다.

배려의 뿌리

1988년 올리너 부부(Samuel Oliner and Pearl Oliner)는 《이타적 인성》(The Altruistic Personality)이라는 책에서 나치의 대학살 가운데서도 유대인을 구출한 사람들의 행동에 대해 광범위한 연구를 했습니다. '동시대를 살아가면서 어려움에 처한 사람들을 어떤 사람들이 구조해 주었고, 어떤 사람들이 도와주지 않고 자기만 잘 먹고 잘 살았나' 하는 의문에서 시작된 연구입니다. 어떻게 그런 상반된 행동구조가 나왔는가 생각하게 하는 연구입니다. 올리너 부부는 나치 점령하의 유럽에서 살아남은 406명의 구조자와, 같은 시기 같은 곳에 살았으나 유태인을 돕는 일에 참여하지 않은 126명을 동시에 인터뷰했습니다.

이 연구에 따르면, 다른 사람들을 도와 구조행동을 하게 하는 도덕적

촉매제에는 3가지가 있으며 이들은 서로 결합하여 영향을 끼칩니다.

첫째, 규범 중심적 동기(norm centered motive)로 유태인을 구했던 사람들이 전체 구조자의 52%를 차지했습니다.

자기가 속한 사회집단의 도덕적 규범에 대한 충실성이 최초의 돕는 행동을 이끌었던 것입니다. 이들은 종종 자신이 속한 집단의 권위 있는 인물의 요청 때문에 돕는 활동을 시작하곤 했습니다. 예를 들면, 독일 루터 교 목사의 부인이었던 일세(Ilse)는 남편과 교회의 요청으로 유태인들을 자신의 집에 숨겨 주기 시작했습니다. 그녀는 어떻게 그 많은 유태인을 구할 수 있었냐는 질문에 "우리 루터 교는 무죄한 사람들의 생명을 보호한다"고 대답했습니다.

이런 측면에서 볼 때, 우리가 어떤 학교를 다니며, 어떤 가정의 어떤 아버지 밑에서 자라며, 어떤 교회의 목사님을 만나는가 하는 것은 굉장히 중요합니다. 그 집단의 권위 있는 인물이 요청하는 그 요청이 자신의 내면의 규범이 되기 때문입니다. 부모가 성품을 가르치며 "배려하는 사람이 되거라, 순종하거라" 할 때 아이들이 안 듣는 것 같아 보여도, 가정에서 중요한 위치에 있는 부모님의 말 한 마디가 아이들에게는 내면의 규범이 되어 갑니다. 아이들이 주일학교에 가서 목사님의 말씀을 매주 듣습니다. 그 말씀이 아이들의 가슴에는 차곡차곡 쌓여 내면의 규범이 되어 갑니다.

한 덴마크인은 배로 유태인 7천 명 이상을 덴마크로부터 스웨덴으로 탈출시켰습니다. 후에 그가 "덴마크라고 하는 나라는 불이 꺼져도 상점에 물건 하나 없어지지 않는 나라입니다. 이렇게 도덕적인 덴마크에서 무죄한 사람들의 생명을 죽이는 일이 있어서는 안 됩니다"라고 밝혔듯이, 이는 덴마크의 국가적 사회 규범이 자신에게 내면화되어 있었기에 가능했던 일이었습니다. 이것은 영향력 있는 사람의 요청 없이도 국가의 규범이 내면화되어 스스로 구조를 수행했던 경우였습니다.

둘째, 공감 능력(empathic orientation) 때문에 구조자가 된 사람들이 37%였습니다.

구조자 중 1/3이 넘는 사람들은 고통 받는 사람들의 심정에 반응하는 공감 능력의 소유자들로 그런 공감이 최초의 돕는 행동을 한 동기가 되었습니다. 다른 사람들의 아픔에 반응하고 공감하는 사람들이 다른 사람들을 돕는 지도자의 역할을 한 것입니다. 그들은 죄수복을 입고 동물처럼 무서워 떨고 있는 사람들을 보면서 어떻게 저 사람들을 돕지 않을 수 있겠느냐며 구조에 발 벗고 나선 것입니다.

이것은 오늘날 우리 사회가 처한 여러 문제점에 대한 해답이 될 수 있습니다. 우리나라는 지금 학교마다 폭력문화와 집단 따돌림 문화가 팽배해 있습니다. 사실 이는 아이들의 문제나 학교의 문제가 아닙니다. 바로 가정의 문제입니다. 가정에서 아이들이 공감하는 능력을 배우지 못했기 때문입니다.

아이들은 본능적으로 불쌍한 사람들을 보면 슬퍼하고 아파하고 안타까워합니다. 아이들이 불쌍한 사람들을 보면서 안타까워하고 측은해할 때, 함께 공감하지 못하고 오히려 핀잔을 주는 부모들이 대부분입니다. 그런 일이 반복될 때 아이들은 근본적으로 가지고 있던, 다른 사람의 아픔에 동조하고 공감하는 능력들을 잃어버리게 됩니다. 그리고 아이들에게 점점 스트레스가 쌓여 "저 사람이 아픈 것은 나와는 상관없어" 하며 다른 이들의 아픔에 공감하지 못하는 사람으로 커 가게 되는 것입니다.

하지만 유태인을 구조한 사람들의 경우에서 보듯, 지도자에게는 다른 사람의 상태, 아픔, 상황에 대해서 함께 아파하고 기뻐하는 공감 능력이 있습니다. 시대에 영향력을 끼치는 삶이 되기 위해서는 다른 사람의 아픔에 동참하는 삶을 살아야 합니다.

셋째, 정의 혹은 배려의 보편적 원리에 따르는 경향 때문에 구조자가 된 사람들은 11%였습니다.

쉽게 말해, 그냥 도덕적인 사람들이었다는 뜻입니다. 그들은 보편적 윤리에 따르는 자신의 신념이 동기가 되어 행동한 사람들이었습니다. 이들은 자신을 도덕적인 사람, 혹은 기독교 가정에서 자란 사람들이라고 말했으며, 보살핌의 윤리, 관용의 정신, 다른 사람을 도와야 한다는 의무감을 강조했습니다.

파리에서 태어난 고등학교 수학교사 수잔느는 학생들을 학교에 숨겨 주는 일에 깊이 관여했습니다. 자신의 모든 월급으로 유태교 학생들을 숨기고 먹여 주면서 아이들을 보호했습니다. 전쟁이 끝나고 어떻게 이런 행동을 했냐는 질문에 그녀는 "모든 사람은 동등하고 생명은 귀중하지 않습니까?"라고 간단히 대답했습니다. 그녀는 자신이 가지고 있는 도덕성과 내면의 규범에 충실한 사람이었습니다.

구조자들은 공통적으로 '광범위한 관계성의 능력(capacity for extensive relationships)'이라는 특징을 가지고 있었습니다. 이는 자기가 직접적으로 속해 있는 가정과 공동체 밖에 존재하는 이들의 복지에 대해 관심을 갖고 책임감을 느낄 수 있는 능력을 말합니다. 다른 사람들을 돕는 사람들은 자기와 가정뿐만 아니라 자기가 속한 사회에까지 관심을 가지고 있었던 것입니다. 반대로, 구조 활동을 하지 않은 사람들의 특성은 '관계의 협소성'이었으며, 그들의 의무감은 작은 범위의 타인들에게 한정되어 있었고, 자기 자신과 자기에게 필요한 것들에만 집중하는 경향이 있었습니다. 나밖에 모르고, 혹 조금 더 나아간다 해도 내 가족밖에는 생각할 줄 모르는 사람들이었습니다. '처자식 먹여 살리는 것도 힘든데 무슨 다른 사람들에게 관심을 가져' 하는 사람들은 자신의 필요에만 집중할 뿐 다른 사람들의 필요에는 집중하지 못합니다.

오늘날 참으로 많은 부모님들이 이렇게 말합니다.

"너 그렇게 순둥이처럼 양보하면서 살다가는 네 밥그릇도 챙기지 못해. 너나 잘해, 너나!"

이 말은 굉장한 영향력을 끼칩니다. 저는 다시 반문해 보고 싶습니다. 어떤 자녀를 양육하고 싶으십니까? 자기 밥그릇이나 잘 챙기는 사람을 만들고 싶습니까? 아니지 않습니까? 온 나라와 온 민족의 식량을 공급하고 천 명, 만 명을 먹이는 사람이 되게 해 달라고 크게 기도해야 하지 않겠습니까?

이제부터 자녀에게 "너는 오대양 육대주를 다니며 온 세상에 있는 사람들에게 하나님의 양식을 먹여 주는 큰 종이 되어라" 하면서 원대한 목표를 제시해 주어야 합니다. 자기 밥그릇이나 챙기라고 강조할 때 아이들의 밥그릇은 더 작아지는 법입니다. 이제부터 목표를 수정합시다.

배려하는 마음 개발하기

한편, 이 연구에서는 구조자들의 배려하는 능력이 어떻게 발달했는지 알기 위해서 그들의 성장과정을 살펴보았습니다.

첫째, 구조자들에게는 밀접한 가족관계가 있었습니다.

부모는 자녀의 모델이 되었고 배려의 가치를 가르쳤습니다. 한 여성은 "어머니는 적어도 하루에 한 번은 누군가를 위해 좋은 일을 하라고 항상 말씀하셨다"고 회상했습니다. 이렇게 부모님들이 자녀에게 하는 한 마디 한 마디가 아이들에게는 굉장한 모델이 됩니다.

둘째, 바른 훈계가 있었습니다.

무엇이 잘못된 행동인지 설명해 주는 인격적인 가르침이 있었습니다. 사랑어린 관심으로 아이들에게 세상 사는 방법을 가르치는 진정한 훈계가 있다면, 아이들은 그 속에서 공정함을 배우고 다른 사람의 가치를 존중해 주는 안정적인 삶을 산다고 합니다.

한 부모는 서로 다른 문화와 종교에 구애받지 않고 긍정적인 태도로 다른 사람들을 돕는 가치에 대해서 가르쳤습니다. 그 구조자는 "아버지는 민족이나 종교에 관계없이 신과 이웃을 사랑하라고 가르쳤다"고 말했습니다. 왜 세상에 전쟁이 일어나고 점점 힘들어질까요? 나와 다른 것을 인정하려고 하지 않기 때문입니다. 나와 다른 것을 존중하고, 다른 여러 문화들을 수용하면서 그들에게 탁월한 영향을 끼치는 삶이 되도록 가르치는 것이 중요한 교육 방침이 되어야 합니다.

셋째, 이들은 성장과정에서 다양하고 폭넓은 친구 관계를 맺고 있었습니다.

폭넓은 인간관계와 내적인 효능감을 어려서부터 발달시켰습니다. 무엇인가를 자신이 해낼 수 있다는 자신감과 함께, 실패의 위험을 무릅쓰고 기꺼이 일을 성취해 내는 능력이 발달되어 있었던 것입니다. 어렸을 때부터 "너는 할 수 있어"라는 격려를 받고 자란 아이들에게 효능감이 발달합니다. "네까짓 게 뭘 하니? 그럴 줄 알았어. 봐라, 네가 어떻게 했냐"는 식의 말을 듣고 자란 아이들은 아무 일도 시도하지 않으려고 합니다. 자신감이 없기 때문에 그렇습니다. 내가 해낼 수 있다는 자신감, 실패를 무릅쓰고서라도 한 번 해보겠다는 용기, 이것이 바로 아이들에게 심어 줄 수 있는 효능감입니다.

반면, 구조 행동을 하지 않은 사람들의 경우, 부모가 도덕적인 관심보다는 경제적인 가치들 곧 "좋은 직장을 구해라", "절약해라", "이게 얼마짜린 줄 아니? 이렇게 해서 먹고는 살겠니?" 등을 강조하는 경향이 있었습니다. 이런 사람들은 어떤 행동을 할 때 돈이 되지 않으면 하지 않습니다. 경제적인 가치를 먼저 배웠기 때문입니다. 또한 화풀이식의 공격적인 차별과 같은 잘못된 훈육 경험이 많았습니다. "내가 왜 위험을 무릅쓰고 뛰어들어야 해? 가만히 있자"고 생각하기에 이들은 아주 이기적인 성향의 아이들로 자랐을 뿐만 아니라 자라서도 지도자가 되지 못했습니다.

이 두 경우를 비교해 보면 이타적이고 이기적인 성향의 발달 과정을 볼 수 있습니다.

결론적으로, 유태인 대학살에서 나타난 구조 행동은 우연한 것이 아니라 어려서부터 넓은 관계성의 경향을 발달시켜 온 결과였습니다. 곧, 그런 행동들은 그들이 평상시에 다른 사람들과 맺는 관계성의 방식에서 나온 것이었습니다.

이 연구는 가정과 학교에 중요한 시사점을 주고 있습니다. 아이들에게 어려서부터 넓은 범위를 포괄하는 배려의 능력을 길러 주어야 하며, 매일의 상호 관계 속에서 배려하는 공동체의 모습을 실제적으로 체험케 해야 한다는 점입니다. 위기일 때 일어나 다른 사람들을 도운 사람들은 전쟁이 끝난 뒤에 그 시대를 이끌어가는 지도자가 되었습니다.

많은 부모님들이 자녀를 지도자로 세우고 싶어 합니다. 성공하는 삶이란 무엇입니까? 사실 성공이 이것이라는 정답은 없습니다. 다만 하하나님께서 주신 목적을 이루고 살아가면서, 자신의 지경을 넓혀서 자기 영향력을 극대화하는 것이 성공이라고 할 수 있습니다. 이런 측면에서 우리 아이들에게 일찍부터 배려하는 성품을 가르쳐 주는 것은 아주 중요한 일입니다.

성품으로 이웃 사랑하기를 생각해 보았습니다. '네 이웃을 네 자신같이 사랑하라'는 이 명령 앞에, 우리에게 자신의 몸을 주면서까지 사랑을 실천하신 예수님 앞에, 우리는 무엇을 결단해야 합니까? 우리는 예수님처럼 우리 몸을 이웃을 위해 줄 수는 없습니다. 그러나 내가 나를 사랑하는 것처럼 다른 사람을 배려해 주고, 상대방의 느낌을 존중해 주고 아플 때 같이 아파해 주고, 그 사람을 보살펴 주는 것은 바로 실천할 수 있는 일이라고 생각합니다.

교회가 더 이상 이 시대에 영향을 끼치지 못하고 있습니다. 교회의 규모만 키우는 것으로는 이웃에게 감동을 주지 못합니다. 이는 자기 배만 불리는 셈입니다. 사실 그동안 크리스천들은 끼리끼리 문화에 젖어 세상의 요구를 무시하고 살았습니다. 혹시나 나 하나 잘되면 된다는 생각으로 살았다면, 이제라도 눈을 크게 뜨고 목표를 다시 수정해서 이 세상을 향해 우리의 영향력이 극대화될 수 있도록 애써야 합니다. 우리 자녀들도 영향력 있는 삶을 살 수 있도록 부모가 먼저 결단하고 가르치기로 결심하면서 준비해야 할 것입니다.

그동안 다른 사람들의 필요나 요구에 무관심했다면 하나님께 용서를 구하십시오. 가장 중요한 것은 자신의 내면의 소리에 귀를 기울여 먼저 자신을 배려하는 사람이 되는 것입니다. 그렇게 할 때 이웃도 배려하는 사람이 될 수 있습니다. 하나님은 한 사람 한 사람을 귀하게 여기시고, 보배롭고 존귀한 자로 너를 사랑한다고 말씀하십니다. 그 사랑을 받은 우리가 자신에게 먼저 사랑한다고 말해야 합니다.

다른 사람을 향해서 사랑한다고 말하는 이웃이 되어야 합니다. 독거 노인들이 죽은 지 한 달이 되어서야 발견되는 세상이 되었고, 아이들을 마음 놓고 학교에 보낼 수 없는 세상이 되었고, 자기 욕심을 채우려고 물불 가리지 않는 사람들로 넘쳐나는 사회가 되었습니다. 이럴 때 우리가 어떻게 영향력 있는 크리스천의 삶을 살 수 있겠습니까. 이것이 우리의 숙제입니다.

그러나 우리가 배려라는 성품으로 이 세상을 밝힐 수 있다면 희망은 있습니다. 배려의 성품이 내 안에 자랄 수 있게 해달라고 하나님께 요청하시기 바랍니다.

이제 우리는 이 세상을 어떤 태도로 살아가야 하는지 알게 되었습니다. 네 이웃을 네 자신과 같이 사랑하라고 하셨을 때 우리 마음속에는 부담이 있습니다. '어떻게 나도 나를 사랑하지 못하는데 이웃을 사랑해야 한다는 말인가.'

그러나 배려의 모범을 몸소 보여 주신 예수님이 계시기에 우리가 그 모습을 배울 수 있어서 감사합니다. 나를 사랑하고 존귀하게 여기듯 다른 사람을 잘 보살피고 배려할 수 있는 마음을 주께서 주시길 간구하십시오.

나에게
귀 기울여 주시는
분

경 청

상대방의 말과 행동을 잘 집중하여 들어 상대방이
얼마나 소중한지 인정해 주는 것

_좋은나무성품학교 정의

하나님은 귀 기울이시는 하나님이십니다. 하나님께서 한 사람 한 사람의 신음 소리, 세미한 음성에 깊은 관심을 가지고 존중하면서 듣고 계신다는 사실을 알고 있나요? 바로 그 하나님 아버지께서 우리에게도 귀 기울이라고 말씀하십니다.

경청의 성품이란 '상대방의 말과 행동을 잘 집중하여 들어 상대방이 얼마나 소중한지 인정해 주는 것(좋은나무성품학교 정의)'입니다. 경청은 상대방의 말에 집중함으로써 말하는 상대에게 존경과 사랑을 표현하는 태도입니다. 분주함으로 주의력이 산만한 상태에서는 어떤 귀중한 말도 알아듣지 못합니다. 갈팡질팡하면서 어디로 가서 어떻게 해야 할지 모르는 향방 없는 걸음을 걷게 됩니다. 우리를 지으신 하나님의 음성을 경청하지 못하는 사람은 아무리 바쁘게 움직여도 결단코 성공하는 삶을 살 수 없습니다.

경청의 동물 - 당나귀

　땅과 인간을 비롯하여 만물을 지으신 창조주 하나님께서 창조하신 동물의 모습에서도 경청의 성품을 찾아볼 수 있습니다. 하나님이 창조하신 동물 중 경청의 동물로는 당나귀를 생각해 볼 수 있습니다.

　당나귀 귀가 어떻게 생겼는지 아십니까? 아이들을 데리고 당나귀가 있는 곳에 한 번 가보시기 바랍니다. 당나귀 귀는 소리가 나는 쪽으로 돌아갑니다. 좋은나무성품학교 아이들을 동물원에 데리고 가서 실험해 보았는데 정말 그랬습니다. 아이들이 "당나귀야, 당나귀야!" 하고 불렀을 때 정말 신기하게도 당나귀 귀가 소리 나는 쪽으로 빙그르 돌아가는 겁니다. 정말 굉장한 일이었습니다. 아이들은 신기해하며 함성을 질렀습니다.

　모든 만물 속에는 하나님의 성품이 들어있습니다. 하나님께서 당나귀 같은 동물을 지으신 이유는, 이렇게 경청하고 살라고 우리에게 시각적으로 생생하게 보여 주시기 위함입니다. 그들을 보면 창조주께서 우리에게 얼마나 경청의 성품을 원하시는지 알 수 있습니다. 하나님께서 우리를 지으신 목적은, 우리가 그분의 음성에 귀 기울이며 경청하는 삶을 사는 것입니다. 하나님의 음성을 들으며 사는 삶, 그것이 바로 예배하는 삶입니다. 하나님께 예배하는 것은 하나님께서 우리를 창조하신 목적이기도 합니다. 하나님께서는 진실로 우리가 듣기를 원하십니다.

성품법칙⑫ 경청의 법칙

> **성품법칙⑫ 경청의 '그랬구나×3' 법칙**
>
> 모든 대화에서 "그랬구나, 그랬구나, 그랬구나!"라고
>
> 3번 이상 표현해 주세요.

경청이란 상대방의 말과 행동을 잘 집중하여 들어 상대방이 얼마나 소중한지 인정해 주는 것(좋은나무성품학교 정의)입니다. 경청은 상대방의 말에 공감해줄 뿐만 아니라, 행동에도 공감해 주는 것이 핵심 포인트입니다. 상대방이 말할 때, "~구나, ~구나, ~구나"라고 세 번만 공감해주면, 공감하는 마음이 전달되어서 상대방의 마음이 편안해지고 존중받는다고 느낍니다.

행동도 자세히 경청해 주어야 합니다. 상대방의 표정, 눈빛, 안색 등을 살펴서 말해주는 것입니다. "오늘 네가 힘들었구나, 기운이 없어보이네"라면서 상대방이 미처 표현하지 못한 감정까지 "~구나"를 세 번

이상 말하며 경청해 주는 것이 사랑입니다.

경청의 태도 연습

다른 좋은 습관과 마찬가지로, 우리가 경청하고 싶다고 마음먹는다 해서 하루 아침에 경청형 인간이 되는 것은 아닙니다. 경청에도 많은 연습이 필요합니다. 경청을 잘하려면 다음과 같은 태도를 날마다 연습해야 합니다.

첫째, 다른 사람이 말할 때는 눈을 쳐다봐야 합니다.

말하는 상대방의 눈을 쳐다보는 것이 경청의 시작입니다. 눈을 쳐다보면서 집중하고 있음을 드러내며 듣는 것이 경청의 바른 태도입니다. 좋은나무성품학교에서는 24개월 이전의 아기에게 이름을 부르며 눈을 맞추는 경청 연습을 합니다. 이름을 불러 주면 다른 곳을 보던 아이들이 눈을 마주칩니다. 눈 속에 아이들의 맑은 영혼이 들여다보입니다. 하루는 한 명 한 명 눈을 마주보고 이름을 부르는 연습을 했는데 마음속에 전율을 느꼈습니다. 그러나 우리는 자녀를 키우면서 하루 종일 눈 한 번 마주치지 못하는 경우가 많습니다.

둘째, 경청하다가 이해가 안 되는 것은 질문합니다.

셋째, 바르게 앉고 바르게 서서 멋진 태도로 듣습니다.

경청을 가르치고 나면 아이들의 태도가 달라지고 반듯해집니다. 경청할 줄 아는 사람은 허리를 세우고 눈을 마주치고 고개를 끄덕이면서 듣습니다.

넷째, 다른 사람이 말하는 동안 다른 생각을 하지 않습니다.

다섯째, 주의 깊게 보고 잘 집중합니다.

이것을 계속 연습해야 합니다. 이것이 몸에 배어야 제대로 경청할 수 있습니다. 당신도 이렇게 경청하시나요? 그리고 아이들에게 이렇게 하라고 가르치고 계신가요?

경청의 유익

첫째, 경청하는 사람은 존경을 받습니다.

경청하는 사람은 다른 사람들을 소중하게 생각하고 가치 있게 대하기 때문에, 그만큼 다른 사람들도 경청하는 사람을 소중히 대접하게 됩니다. 경청하는 사람들은 다른 사람들로부터 존경을 받습니다. 존경받는 성품 리더는 바로 경청하는 사람입니다.

둘째, 경청하는 사람은 많은 지식을 얻게 됩니다.

잘 듣고 많이 질문하는 경청의 태도는 바로 배움의 비결입니다. 주의 깊게 듣는 습관이 지식의 열쇠가 되므로, 많은 지식을 갖춘 성품 리더는 바로 경청하는 사람입니다.

셋째, 경청을 가르치면 아이들이 공부를 잘하게 됩니다.

야단치는 대신에 경청을 가르치면 아이들에게 지식이 쏙쏙 들어가게 되어 있습니다. 경청이 습관이 된 아이들은 선생님이 어떤 말씀을 하시면 그 소리에 집중합니다. 선생님이 호명하면 다른 일을 하다가도 얼른 쳐다봅니다.

하지만 경청을 가르치고 나면 부모님들이 힘들어지기도 합니다. 부모님에게도 경청하라고 말하기 때문입니다. 아빠가 엄마에게 경청하지 않으면, "아빠, 그건 경청하는 태도가 아니에요"라고 한 마디 합니다. 동생이 울 때 엄마가 그냥 일하고 있으면 "엄마, 동생한테 경청하셔야죠"라고 하면서 경청을 적용합니다. 엄마 아빠가 싸우면 "그건 긍정적인 태도가 아니에요. 멈추어 생각하고 잘 선택해 보세요"라고 조언합니다. 부모님들은 아이가 좋은나무성품학교에서 놀랍게 변화된 모습이 정말 좋지만, 잔소리꾼이 되었다고 불평 아닌 불평을 하십니다.

아이들에게 경청을 가르쳐 오면서 하나님께서 이 성품을 우리에게 주신 것은 우리가 다른 어떤 것보다 그분께 경청하며 살기를 원하시기 때문이라고 생각하게 되었습니다. 피조물인 우리가 창조주이신 그분께 드릴 수 있는 최고의 선물이 바로 그분께 경청하며 사는 삶이기 때문입니다. 하나님께서 그 목적대로 우리를 지으셨는데, 우리는 하나님께 경청하지 않고 살아가고 있습니다. 하나님의 음성 듣기를 원하다가도 갑자기 하던 일이 생각나고, 기도하려면 잠이 오고, 하나님의 말씀을 읽으려 하면 다른 생각이 들고 마음이 그렇게 분주하고 힘들 수가 없습니다.

어떻게 하나님의 음성을 들을 수 있을까요? 하나님의 음성을 경청하는 우리의 모습을 좀 살펴봐야겠습니다.

하나님께 경청하는 우리의 태도

하나님의 음성을 들을 때도 우리는 올바른 태도를 갖추며 경청을 연습해야 합니다. 어떻게 하는 것이 하나님의 음성을 경청하는 바른 태도일까요?

첫째, 집중하고 주목하여 경청합니다.

경청할 때는 일정한 시간을 정하여 멈추어 서서 하나님을 바라보아야 합니다. 세상의 급류 속에서 잠시 멈추고 하나님 아버지를 묵상하는 것은, 우리에게 승리의 전략을 주시는 하나님의 음성을 듣는 중요한 시간이 됩니다. 시편 62편 5절은 "나의 영혼아 잠잠히 하나님만 바라라 무릇 나의 소망이 그로부터 나오는도다"라고 노래합니다. 저에게는 이 말씀이 매 순간순간 큰 힘이 되어줍니다.

하나님께서 말씀하신 것이 나의 모든 소망이라고 생각하고 멈추십니까? 아니면, 모든 방법을 총동원해서 이 위기를 넘어가게 해 줄 그 어떤 사람이 있는지 둘러보고 있지는 않습니까? 우리 안에 계신 하나님은 온데간데없이 말입니다. 자녀를 키울 때는 어떻습니까? 아이들이 속 썩이면, 선생님들 찾아다닐 생각은 하면서도 그를 지으신 하나님 아버지께 갈 생각은 안 하지 않습니까?

하나님 아버지는 우리가 경청하는 태도로 다시 돌아오기를 원하십니다. 우리 영혼이 잠잠히 하나님만 바라는 것이 하나님 아버지께서 우리에게 원하시는 태도입니다. 너무 바빠서 하나님에 관해 생각할 시간이 없다고 말하는 것은 생명과 기쁨과 행복과 성공을 포기하겠다고 말하는 것과 같습니다. 하나님만이 이 모든 것의 근원이 되시기 때문입니다. 기도와 묵상으로 그분 앞에 멈추어 서서 시간을 보낼 때, 우리를 향하신 그분의 진정한 목표를 알아가며, 우리가 수행해야 할 다음 과업이 무엇인지 준비하게 되고, 성령 충만함으로 우리 삶을 견고하게 세울 수 있게 됩니다.

둘째, 요청하는 태도로 경청합니다.

이해가 안 되는 것은 가르쳐 달라고 요청할 수 있습니다.

"너희 중에 누구든지 지혜가 부족하거든 모든 사람에게 후히 주시고 꾸짖지 아니하시는 하나님께 구하라 그리하면 주시리라"(야고보서 1:5).

하나님은 우리에게 누구보다도 친밀한 아버지이심을 기억하십시오. 자녀가 호기심을 갖고 궁금한 현상을 묻는 데 기쁘게 대답해 주는 육신의 아버지와 같이, 하나님은 우리의 모든 것에 관심을 갖고 계신 좋은 아버지이십니다. 또한 사무엘하 7장 29절 말씀처럼 엄청난 요구도 할 수 있습니다.

"이제 청하건대 종의 집에 복을 주사 주 앞에 영원히 있게 하옵소서 주 여호와께서 말씀하셨사오니 주의 종의 집이 영원히 복을 받게 하옵소서 하니라"(사무엘하 7:29).

하나님은 우리에게 요청하라고 말씀하십니다.

"하나님, 제 집에 복을 주세요. 하나님 앞에 영원히 살게 해 주세요."
이 얼마나 크고 멋진 요청입니까? 떳떳하게 하나님께 요청해 보세요.
하나님께서 복을 주십니다.

셋째, 고요함의 태도로 주님을 경청합니다.

"너희는 가만히 있어 내가 하나님 됨을 알지어다"(시편 46:10).

이런 고요함은 분주한 이 세상을 사는 우리를 하나님께 집중하게 해 줍니다. 저는 힘들 때 하나님 전에 나아가 그 앞에서 마음을 토로할 때가 가장 행복합니다. 하지만 때로는 다른 일에 마음이 빼앗겨서 삶 속에 임하시는 하나님의 아름다운 개입을 놓칠 때가 있습니다. 세상 사람들은 우리에게 이것저것 많은 것을 요구합니다. 그렇다고 해서 하나님께 민감하지 못하면, 그 존재하심 앞에 나아가지 못하고 분주하게 내가 움직여서 안타깝게 일을 그르치는 경우가 종종 있습니다. 시편 91편 1절을 기억하십시오.

"지존자의 은밀한 곳에 거주하며 전능자의 그늘 아래에 사는 자여."

하나님 아버지께서는 우리가 가만히 있어 그분이 하나님 됨을 알기 원하십니다. 마음속의 염려, 근심, 고민, 해결되지 않은 문제를 오늘 하나님께로 가져가 잠잠히 있어 그분이 하나님 됨을 알기를 원하십니다. 에스더 5장을 보면, 에스더가 왕의 뜰 안에 서 있을 때 왕이 그 모습을 보고 감동받아 세상의 반이라도 주겠다고 하지 않았습니까? 우리가 가만히 있을 때 하나님 아버지께서도 우리를 에스더처럼 예쁜 여인으로 보십니다. 반면, 우리가 짜증내고 분주하고 혼란스럽게 살고 있다면 하나님 아버지께서는 슬픈 마음으로 보고 계시지 않을까요? 하나님은 이렇게 우리가 그분 앞에서 잠잠히 경청하기를 원하십니다.

넷째, 침묵함으로 하나님께 경청합니다.

대화는 쌍방향으로 나아가는 것입니다. 그런데 우리는 하나님과의 대화인 기도를 드릴 때도 혼자만 분주히 말하고 나서 일어나 버립니다. 하나님은 우리들이 모두 다 말해 버리는 것을 원치 않으십니다.

"잠잠하고 신뢰하여야 힘을 얻을 것이거늘"(이사야 30:15).

하나님께서는 우리가 잠잠히 침묵할 때에 자신의 생각을 우리들의 사고 속에 넣어 주십니다. 홀로 하나님 앞에 나아가서 침묵을 지키며 잠잠히 기다릴 때, 하나님께서는 진리의 말씀이 생각나게 하든지, 내적 평안을 체험케 하든지, 특별한 생각이 떠오르게 하든지 선명하게 그 음성을 들려주실 것입니다. 우리를 구원하신 사랑의 하나님은 우리를 통하여 영광 받으시기를 포기하지 않으시고, 우리의 영과 마음을 움직이시고 감동시켜 과연 그분이 하나님이심을 지속적으로 보이시며 우리와의 관계를 발전시켜 나가는 분이십니다.

다섯째, 순종하는 태도로 경청합니다.

이것은 다른 생각을 갖지 않고 하나님의 말씀을 그대로 순종하겠다는 마음으로 경청하는 것입니다.

"주 앞에서 낮추라 그리하면 주께서 너희를 높이시리라"(야고보서 4:10).

이것이 하나님의 방법입니다. 하나님은 낮추어 순종하는 태도로 경청할 때 우리를 높이실 것입니다. 반항하는 마음으로 자기 고집을 갖고 묵상한다면 바르게 하나님의 음성을 경청할 수가 없습니다. 순종하는 태도로 경청할 때 주께서 주시는 최상의 열매를 맺는 삶을 살 수 있습니다. 그러한 태도야말로 가장 귀한 열매인 하나님과의 지속적이고도 즐거운 교제를 누리는 비결입니다.

여섯째, 기쁨의 태도로 경청해야 합니다.

이것은 하나님을 기뻐하는 것입니다.

"여호와로 인하여 기뻐하는 것이 너희의 힘이니라"(느헤미야 8:10).

여호와를 기뻐하는 것이 가장 귀한 예배입니다. 그런데 우리는 재력이 힘인 줄 알고 돌아다닙니다. 그러나 성경은 여호와를 기뻐하는 것이 우리의 힘이라고 합니다.

"또 여호와를 기뻐하라 그가 네 마음의 소원을 네게 이루어 주시리로다"(시편 37:4).

그렇습니다. 하나님 아버지께서는 우리가 기쁨의 태도로 경청하기를 원하십니다. 어떤 상황에서도 나를 향하신 하나님의 계획을 기쁨으로 바라보며 나아가는 태도가 하나님을 경청하는 태도입니다.

일곱째, 믿음의 태도로 경청합니다.

"믿음이 없이는 하나님을 기쁘시게 하지 못하나니 하나님께 나아가는 자는 반드시 그가 계신 것과 또한 그가 자기를 찾는 자들에게 상 주시는 이심을 믿어야 할지니라"(히브리서 11:6).

상대방을 잘 알지 못하면 그를 신뢰할 수 없고 친밀한 관계를 유지할 수 없습니다. 마찬가지로 올바른 믿음 생활을 위해서는 하나님이 어떤 분인지 바르게 알고 믿어야 합니다. 하나님은 어떤 분이십니까? 자신의 아들을 내어주시기까지 우리를 사랑하신 분이십니다. 그러면 믿음의 태도로 경청한다고 할 때 그 믿음은 어떤 믿음을 말할까요?

"자기 아들을 아끼지 아니하시고 우리 모든 사람을 위하여 내주신 이가 어찌 그 아들과 함께 모든 것을 우리에게 주시지 아니하겠느냐"(로마서 8:32).

아들을 주신 하나님이 더한 것도 주시지 않겠느냐는 그 믿음입니다. 그러니 무엇을 걱정하겠습니까? 하나님 아버지께서 우리에게 주신 그 모든 것들은 상상을 초월한 것들입니다. 누가 감히 하나밖에 없는 아들을 내어줄 그 큰 사랑을 우리에게 베풀겠습니까? 오직 하나님만이 우리를 위해 그렇게 하셨습니다. 아들도 아끼지 않고 주신 분이 그 외 모든 것들도 주시지 않겠습니까? 그러니 모든 염려를 하나님께 고하며 경청하십시오. 이 사실을 믿음으로 받아들일 때 우리는 그분의 가족이 됩니다.

하나님은, 조건 없는 사랑으로 우리를 너그럽게 받아주시는 인자가 풍성한 아버지이십니다. 무섭고 분노하며 강요하는 아버지가 아니라, 우리에게 관심을 가지시며 친밀한 교제와 대화를 원하는 아버지이십니다.

우리는 때때로 육신의 아버지와 관계하며 경험한 것들을 토대로 하나님 아버지를 내면화하는 경향이 있습니다. 분노하는 아버지 밑에서 자란 사람은 인내하시는 하나님의 사랑을 잘 이해하지 못합니다. 일관성 없이 불안정하게 부모 자녀 관계를 맺어 온 사람은, 신실하고 영원히 사랑하시는 그분의 사랑을 의심하게 됩니다.

이제 바른 믿음으로 하나님 앞에 나아가 그분과의 새로운 관계를 믿음으로 회복해야 할 때입니다. 그분을 신뢰하며 그분의 말씀에 경청하는 삶을 살아야 할 때입니다.

지금까지 하나님의 음성을 경청하는 올바른 태도에 대해서 알아보았습니다. 그렇다면 이렇게 하나님께 경청할 때 하나님은 어떤 방법으로 우리에게 말씀하실까요? 이제는 하나님께서 오늘날 우리에게 말씀하시는 방법을 알아봅시다.

하나님의 계시 방법

하나님은 오늘날에도 우리와 교제하기를 원하시면서 여러 가지 방법으로 자신을 제시하십니다.

첫째, 오늘날 주로 성경을 통해 말씀하고 계십니다.

성경은 하나님의 말씀이며 그분의 음성입니다. 하나님께서는 이미 우리에게 성경을 통하여 완전한 계시를 주셨습니다. 이제는 더 이상 무엇을 첨가할 필요가 없습니다. 성경을 읽을 때 우리의 마음을 움직이시는 분은 우리 안에 내주하며 진리를 알도록 돕고 계시는 성령님이십니다.

여호수아는 이런 약속을 받았습니다.

"오직 강하고 극히 담대하여 ……이 율법책을 네 입에서 떠나지 말게 하며 주야로 그것을 묵상하여 그 안에 기록된 대로 다 지켜 행하라 그리하면 네 길이 평탄하게 될 것이며 네가 형통하리라"(여호수아 1:7-8).

오늘날도 성경은 우리의 삶을 인도합니다. 어떤 결정을 내리기 전에 성경말씀을 통하여 인도해 주시기를 요청하면서 하나님께 기도해야 합니다. 성경을 읽어 나가면서 묵상할 때, 문득 성경의 한 구절이 마음에 닿아 특별한 깨달음을 주고 우리의 결심을 도와줍니다.

이때 그 성경구절 자체가 우리의 특정한 경험을 직접 다룰 수도 있고, 혹은 본문의 문맥 속에서 우리의 결정을 좌우하는 어떤 원칙을 발견하기도 합니다. 하나님은 성경 말씀을 통하여 우리를 인도하고 지도하십니다. 하나님께 가까이 가지 않아서 못 만나는 것이며, 묻지 않아서 못 듣는 것입니다. 하나님께 여쭤 보면 아주 구체적인 것까지 다 말씀해 주십니다.

저에게도 말씀으로 하나님의 뜻을 찾은 잊을 수 없는 특별한 경험이 있습니다. 저는 17세 때 예수님을 영접하고서 세상이 달라보였습니다. 구원받은 사람이 저 혼자인 양 이 땅을 어떻게 구원받게 할까 고민하며 제 인생을 하나님께 드렸습니다. 그때부터 무엇을 전공해야 할 것인가 가르쳐 달라고 기도했습니다. 진실로 주께서 계획하신 전공을 찾아 나의 인생을 향한 하나님의 비전을 발견하고 싶은 간절한 소원을 하나님께 드리며 기도하기 시작했습니다. 100일 기도를 작정하면서 집 근처 개척교회를 찾아가서 밤마다 기도했습니다. 평생 사명으로 일할 수 있는 전공의 길을 알려달라고 소망하며 기도했습니다.

드디어 100일째 되던 날, 아침부터 제 마음은 설레기 시작했습니다. 하나님께서 어떻게 제게 말씀해 주실지 생각만 해도 흥분되었습니다. 그런데 저녁이 다 되도록 아무 말씀이 없으신 겁니다. 마음이 심히 조급해지기 시작했습니다.

"하나님, 오늘이 100일 되는 날입니다. 빨리 말씀해 주세요" 하면서 재촉했습니다. 저는 그 당시 하나님께서 꿈속에서나 혹은 천둥 같은 목소리로 나타나셔서 위엄 있게 말씀하실 것이라고 잔뜩 기대하면서 긴장하고 있었습니다. 아무런 변화가 없었습니다. 이제 드디어 밤이 깊어 잠자리에 들어야 하는 시간이 되었습니다. 자리를 펴고 눕기 전에 다시 한 번 기도했습니다.

"하나님, 제가 어떤 전공의 길을 선택해서 가야 할까요? 가르쳐 주세요. 나를 만드신 아버지께서 가라고 하시는 길을 가고 싶습니다. 나보다 더 나를 잘 아시는 분은 나를 만드신 아버지 당신이시니까요."

이 기도를 마치려는데 갑자기 성경이 읽고 싶어졌습니다. 성경을 잡고 딱 펼쳤는데 잠언이 나왔습니다. 갑자기 아주 큰 글씨로 잠언 22장 6절 말씀이 제 눈앞에 펼쳐졌습니다.

"마땅히 행할 길을 아이에게 가르치라 그리하면 늙어도 그것을 떠나지 아니하리라."

이 말씀이 제게 왔습니다. 그 말씀이 곧 그분의 음성이었습니다. 그 날 밤을 결코 잊을 수가 없습니다. 그 특별한 날의 선택이 제가 교육자로서 평생을 살 수 있도록 했습니다. 이렇게 하나님은 때로 말씀을 통하여 자신의 길을 인도하십니다. 하나님의 뜻을 구하면서 알려달라고 여기저기 기웃거릴 필요 없이, 조용히 성경 안에서 주실 말씀을 기대하면 정말 그분께서는 말씀을 주십니다. 저는 그 말씀을 따라 유아교육을 선택했고 지금까지 교육자로서 30년 이상 후회 없이 일관된 삶을 살 수 있었습니다.

둘째, 하나님은 우리 안에 계시는 성령님을 통하여 말씀하고 계십니다.

우리 안에 거하시면서 우리를 움직이고 지키시는 성령님과 매일 동행하며 그분의 임재 앞에 민감한 사람이라면, 하나님께서 말씀하시는 모든 것을 들을 수 있습니다.

"그러나 진리의 성령이 오시면 그가 너희를 모든 진리 가운데로 인도하시리니 그가 스스로 말하지 않고 오직 들은 것을 말하며 장래 일을 너희에게 알리시리라"(요한복음 16:13).

우리는 하나님의 뜻을 가르쳐 달라고 우리 안에 계시는 성령님께 요청할 수 있습니다. 예수 그리스도를 영접한 모든 하나님의 자녀에게는 성령께서 우리 마음을 움직이셔서 일을 이루신 경험들이 너무나 많을 것입니다. 성령님의 가르치심은 우리 마음의 평안과 평강을 통하여 확신할 수 있습니다.

셋째, 하나님은 다른 사람들을 통해서도 말씀하십니다.

주변에 하나님의 음성을 듣는 훈련이 되어 있는 사람들과 교제하는 것은 특권이며 축복입니다. 하나님은 때로 자신의 음성에 귀 기울이는 훈련된 사람들을 그 음성을 전하는 도구로 사용하십니다. 경건한 사람들과 교제하면서 그들을 통하여 우리가 결정해야 할 올바른 길들을 찾아갈 수 있습니다.

"하나님의 말씀을 너희에게 일러 주고 너희를 인도하던 자들을 생각하며 그들의 행실의 결말을 주의하여 보고 그들의 믿음을 본받으라"(히브리서 13:7).

하나님의 음성을 듣는 데 익숙한 사람들과 함께 교제하고 상담하고 기도하며 응답을 나누는 것이, 하나님의 뜻을 알고 음성을 듣는 방법입니다.

넷째, 하나님께서는 환경으로도 인도하십니다.

하나님은 우리의 환경을 통하여 자신의 길로 인도하십니다. 우리가 가고자 하는 그 길이 아무리 해도 환경적으로 절대 열리지 않을 때가 있습니다. 때로는 생각지도 못한 환경이 주어져 뜻밖의 길로 들어서기도 합니다. 이 모든 일들이 바로 만물의 주관자 되시는 하나님께서 우리를 인도하고 가르치시며 들려주시는 음성입니다.

"사람이 마음으로 자기의 길을 계획할지라도 그의 걸음을 인도하시는 이는 여호와시니라"(잠언 16:9).

우리가 어떤 일을 결정하려고 할 때 기도하면서 순탄하게 열리는지, 아니면 복잡하게 꼬여서 절대로 열리지 않는지 유의해서 볼 수 있는 눈이 필요합니다. 주께서 환경을 통하여 자신의 음성을 들려주시기 때문입니다. 하나님은 우리를 고아와 같이 내버려 두지 아니하시고, 오늘도 우리가 하나님의 음성을 경청하기 원하십니다. 오늘날에도 하나님은 여전히 우리가 그 음성을 경청하면서 하나님을 경외하는 성품을 회복하기 원하십니다. 이 사실을 꼭 기억해야 합니다.

"내가 하나님 여호와께서 하실 말씀을 들으리니"(시편 85:8)라는 다윗의 고백처럼 하나님께서 말씀하실 때 우리는 경청해야만 합니다. 성품과 마음과 힘을 다하여서 하나님께 경청하는 삶을 회복하기를 기도드립니다.

그러나 진리의 성령이 오시면 그가 너희를 모든 진리 가운데로 인도하시리니 그가 스스로 말하지 않고 오직 들은 것을 말하며 장래 일을 너희에게 알리시리라(요한복음 16:13)

> 짧은 묵상 긴 행복

성품으로 세상을 향해 나아가기

1. 지금까지 다른 사람에게 받은 따뜻한 행동이나 말 중에서 가장 기억에 남는 것은 무엇인가요? 그 이유는 무엇인가요?

2. 가족이나 다른 사람들에게 배려 받지 못해 마음에 상처가 되었던 경험이 있나요? 어떤 경험이었는지 용기를 내어 나눠 보세요.

3. 내가 했던 작은 배려의 말과 행동을 통해 다른 사람들에게 행복을 준 경험이 있나요? 또는 배려하지 못해 다른 사람들에게 아픔을 주었던 경험이 있나요? 그때 나의 기분과 느낌은 어떠했나요?

4 　진정으로 이웃을 사랑하고 배려하기 위해서는 나 스스로를 먼저 사랑하고 배려할 줄 알아야 합니다. 지금 세상에서 제일 소중한 나를 위해 할 수 있는 배려는 무엇일까요?

5 　가족이나 이웃의 아픔과 기쁨을 함께 공감하고 위로하며 격려했던 경험이 있나요? 학교에서 돌아온 자녀, 퇴근해서 돌아온 아내 또는 남편의 모습을 관찰해 보고 그들의 마음을 공감하며 배려할 수 있는 일은 무엇이 있을까요?(편지나 격려의 말 또는 사랑이 담긴 작은 문자 등) 한 주 동안 실천할 수 있는 것들을 적어보고 실천해 보세요. 그 후 어떤 변화가 있었는지 나눠 보세요.

부록
좋은나무성품학교의 12가지 좋은 성품

이영숙 박사의 12성품교육 (한국 저작권 제C-2014-008458호, 미국 저작권 Registration NO.TX 8-721-576)

경청 ❈ Attentiveness | 좋은나무성품학교 정의
상대방의 말과 행동을 잘 집중하여 들어 상대방이 얼마나 소중한지 인정해 주는 것
Being thoughtful to the words and actions of others, to show you care about them

긍정적인 태도 ❈ Positive Attitude | 좋은나무성품학교 정의
어떠한 상황에서도 가장 희망적인 생각, 말, 행동을 선택하는 마음가짐
Always choosing to have the best thoughts about something or someone

기쁨 ❈ Joyfulness | 좋은나무성품학교 정의
어려운 상황이나 형편 속에서도 불평하지 않고 즐거운 마음을 유지하는 태도
Always having a happy heart without complaints

배려 ❈ Caring | 좋은나무성품학교 정의
나와 다른 사람 그리고 환경에 대하여 사랑과 관심을 갖고 잘 관찰하여 보살펴 주는 것
Giving love and attention to the world around me

감사 ❈ Gratefulness | 좋은나무성품학교 정의
다른 사람이 나에게 어떤 도움이 되었는지 인정하고 말과 행동으로 고마움을 표현하는 것
Showing thanks for a helpful hand or a kind gesture

순종 ✿ Obedience | 좋은나무성품학교 정의
나를 보호하고 있는 사람들의 지시에 좋은 태도로 기쁘게 따르는 것
Following the instructions of others with a good attitude

인내 ✿ Patience | 좋은나무성품학교 정의
좋은 일이 이루어질 때까지 불평 없이 참고 기다리는 것
Waiting in peace for a good thing to happen

책임감 ✿ Responsibility | 좋은나무성품학교 정의
내가 해야 할 일이 무엇인지 알고 끝까지 맡아서 잘 수행하는 태도
Knowing what my tasks are and doing them the best I can

절제 ✿ Self-control | 좋은나무성품학교 정의
내가 하고 싶은 대로 하지 않고 꼭 해야 할 일을 하는 것
Choosing to do what is right even if it's not what I want

창의성 ✿ Creativity | 좋은나무성품학교 정의
모든 생각과 행동을 새로운 방법으로 시도해 보는 것
Trying different ways with new ideas

정직 ✿ Honesty | 좋은나무성품학교 정의
어떠한 상황에서도 생각, 말, 행동을 거짓 없이 바르게 표현하여 신뢰를 얻는 것
Winning the trust of others by always telling the truth

지혜 ✿ Wisdom | 좋은나무성품학교 정의
내가 알고 있는 지식을 나와 다른 사람들에게 유익이 되도록 사용할 수 있는 능력
Using what I have and what I know to help others

맺는 글

나를 찾아 떠나는
성품 이노베이션 여행을 마치며

"아버지, 내가 그렇게 싫었어요?"

몇 해 전, 중국 상해에서 대학생 대상으로 진행된 코스타 강연에서 한 학생을 만났습니다. 그 학생은 강연이 끝난 후에 저에게 상담을 요청했습니다. 처음에 저는 그 학생의 이름만 듣고 남학생인 줄 알았습니다. 얼굴을 보고나니 여학생이었지요.

"어? 여학생이었네요. 반가워요."

"네, 저는 여자입니다."

그녀의 대답에 많은 사연이 담겨 있다는 것을 느꼈습니다. 그래서

"이름 때문에 많이 고생했겠다."면서 상담을 시작했습니다.

그런데 갑자기 그 학생이 우는 것이었습니다. 한참을 울다가 그녀가 말했습니다.

"교수님! 왜 하나님 아버지라고 불러야 합니까? 저는 하나님 아버지가 싫어요. 하나님 어머니는 안 됩니까?"

격양된 목소리로 묻는 그녀에게 저는 "네가 하나님 어머니라 부르고 싶으면 하나님 어머니라 부르렴. 그런데 중요한 것은 네 아버지하고 하나님 아버지와는 너무나 다르단다. 네 아버지가 너에게 무엇이라고 했든 간에 네 아버지는 하나님 아버지와 다르단다."라고 얘기했습니다.

그랬더니 그 학생은 이렇게 말했습니다.

"저희 어머니는 몸이 너무 안 좋으셨어요. 하지만 할머니와 아버지의 압박 때문에 목숨을 걸고 저를 낳으셨어요. 그런데 할머니와 아버지는 제가 아들이 아니라고 매우 싫어하셨어요. 저를 한 번도 사랑한다면서 안아주신 적이 없으세요."

그녀는 성인이 되어서도 자신감이 없고 자신의 존재를 부끄러워하는 사람으로 자랐습니다. 어느날 그녀는 아버지, 어머니에게 "아버지, 내가 그렇게 창피했어? 아버지 딸이 그렇게 싫었어?"라고 물어봤답니다. 그랬더니 아버지는 "내가 너를 낳고 죽지 못해 살았지"라고 대답했고, 어머니는 "내가 너 때문에 저 인간이랑 헤어지지도 못하고 살았지"라고 딸 탓만 했습니다.

그때부터 그녀는 스스로를 '죽어야만 하는 존재'라고 생각했고, 저를 만나기 전까지 '언제 죽을까'만 고민했답니다. 그런데 친구의 권유로 온 코스타(KOSTA)에서 저를 만난 것입니다.

그 학생에게 이사야 43장 4절 말씀을 열 번 읽어보라고 했지요.

"네가 내 눈에 보배롭고 존귀하며 내가 너를 사랑하였은즉 내가 네 대신 사람들을 내어 주며 백성들이 네 생명을 대신하리니(이사야 43:4)"

그 학생은 한 번, 두 번을 읽더니 "안 믿어져요" 하면서 성경책을 던지고 말았습니다. 저는 던져진 성경책을 다시 집어 그 여학생에게 가져다 주었습니다.

"이 말씀이 진짜 이야기야. 지금까지 네가 들었던 네 부모님의 말씀은 진짜 이야기가 아니야. 이 말씀이 진짜 네 이야기야"라고 말하며 내 인생에 찾아와주신 예수님에 대해서 이야기해 주었습니다.

그 학생은 성경 말씀을 열 번 읽으며 엉엉 울었습니다. 결국 그 학생은 말씀을 믿음으로 받아들이고 그날 밤 예수님을 자신의 인생 속에 주님으로 영접했습니다.

상담이 모두 끝난 후 그녀는 미소를 활짝 지으며 말했습니다.

"교수님, 제가 자살을 결심한 이후로 항상 머리가 아팠는데 오늘 교수님과 상담하고나니 머리가 안 아파요! 정말 머리가 맑아졌어요!"

내가 들어왔던 거짓 이야기가 마음속의 상처가 되어 남습니다. 상처를 치유하지 않고서는 더 좋은 생명의 자리로 옮겨갈 힘이 없습니다. 우리를 지으신 그분께 나아갈 때 진정한 이노베이션이 펼쳐집니다.

변화되고 온전해진 성품으로 하나님 아버지께 예배드리는 것, 그래서 하나님의 음성에 귀 기울이고 하나님의 소리를 들을 수 있는 것, 그것이 우리 인생의 목표입니다. 그리고 우리 안에 깊이 각인된 상처들로 만들어진 부정의 습관을 깨고 우리를 창조하신 분의 성품을 닮아가면서 우리의 성품을 '이노베이션' 하는 것이 우리를 향한 하나님의 소망입니다.

마지막으로 우리의 모든 것을 다 아시고 우리의 성품을 전적으로 고치실 수 있는 크신 분께 드리는 기도문으로 막을 내리고 싶습니다. 사랑하는 님들이 이 책을 읽고 치유의 자리로! 사랑의 자리로! 회복의 자리로! 함께 나아가기를 소망합니다.

성품 이노베이션을 위한 기도

하나님 아버지,
당신의 선하심으로 시작된 세상은
아름답고 흠 없는
사랑과 공의로
가득 찬 세상이었습니다

당신의 선물은
완벽하고 안전하였으나
연약한 인간은 그것을 허물고
혼란과 좌절의 세상을 만들고 말았습니다

고독을 거부하는 노력은
더 많은 관계의 단절을 가져왔고

잘못된 사랑은

집착과 허무를 가져왔습니다

하나님 아버지,

당신의 사랑과

당신의 말씀으로

성품이 변하기를 소망합니다

저의 생각

감정

행동의 변화로

아버지를 더욱

닮아가기를 원합니다.

오늘 저의 인간관계 속에
임재하여 주옵소서!
오늘 저의 가정생활에
빛이 되어 주옵소서!
오늘 제가 걷는 발걸음을
지도하여 주옵소서!

제 안에 있는 어제의 상처들을
깨끗이 치유해 주옵소서.
또 제가 상처 준 사람들에게도
용서를 구하게 하옵소서.

당신의 사랑으로
저를 변화시켜 주시고
당신의 빛으로
나를 인도해 주옵소서.

나의 성품을
회복시켜 주옵소서.
이 세상을
밝히는 자로
거듭나게 하소서.

-이영숙-

나를 찾아 떠나는 성품 치유
성품 이노베이션

『성품 - 나를 찾아 떠나는 여행』(두란노) 발행 2007년 8월 13일
『성품치유』 개정1판 1쇄 2017년 07월 18일
　　　　　 개정1판 2쇄 2017년 10월 17일
『성품 이노베이션』 개정2판 1쇄 2019년 10월 31일
　　　　　　　　 개정2판 2쇄 2023년 8월 25일
　　　　　　　　 개정3판 1쇄 2025년 5월 15일

지은이 이영숙
펴낸이 김희종

책임편집 좋은나무성품학교 출판팀
디자인 김성엽 / 좋은나무성품학교 디자인팀

펴낸곳 LYS좋은나무성품학교
등록번호 제2016-000074호
등록일자 2016년 6월 16일
주소 서울특별시 송파구 백제고분로 187
전화 1577-3828
전자우편 goodtree@goodtree.or.kr
홈페이지 www.goodtree.or.kr

ⓒ 이영숙, 2007
페이스북 /characterlee

ISBN 979-11-6326-079-0 (03230)

*이 책은 저작권법에 의해 보호를 받는 저작물로서 무단전재와 복제를 금합니다.
이 책의 전부 또는 일부를 사용하려면 저작권자와 LYS좋은나무성품학교의 서면동의를 받아야 합니다.